스카치 위스키

그 전설의 고향을 찾아서

스카치 위스키: 그 전설의 고향을 찾아서

© 우판사, 2012

1판 1쇄 발행__2012년 04월 30일
1판 2쇄 발행__2012년 05월 10일

지은이__우판사
펴낸이__홍정표

펴낸곳__세림출판
        등록__제 25100-2007-000014호

공급처__(주)글로벌콘텐츠출판그룹
        이 사__양정섭
        디자인__김미미
        기획·마케팅__노경민 배징일 배소정
        경영지원__최정임
        주 소__서울특별시 강동구 길동 349-6 정일빌딩 401호
        전 화__02-488-3280
        팩 스__02-488-3281
        홈페이지__www.gcbook.co.kr
        이메일__edit@gcbook.co.kr

값 12,800원
ISBN 978-89-92576-44-4 13900

·이 책은 본사와 저자의 허락 없이는 내용의 일부 또는 전체를 무단 전재나 복제, 광전자 매체 수록 등을 금합니다.
·잘못된 책은 구입처에서 바꾸어 드립니다.

우판사 교수의

스카치 위스키

그 전설의 고향을 찾아서

우판사 지음

세림출판

추천사

"Pansa is a man who recognises quality. One reason why he loves Scotch whisky so much. He is not just a connoisseur, he is man with an unlimited thirst for knowledge.

I will never forget the day he came into my Glasgow Sample Room. He was like a sponge, sucking in every last detail. Nothing could be missed. Each time I presented him with a new whisky he wanted to know its full history and why its character reflected certain aspects. "Why was it like this, did the wood contribute this nuance or was it this peat level or was it the influence of the sea!" It was one tasting I personally would never forget.

Now Pansa is passing on his profound knowledge onto you. Like him, soak up, relax and enjoy and like a great whisky - you will not be disappointed!"

Richard Patterson - Master Blender

우 교수님이 스카치 위스키를 그토록 사랑하는 데는 그가 품질을 구분할 수 있는 사람이기 때문입니다. 그는 단순히 한 명의 전문가가 아닙니다. 그는 지식의 갈급함을 무한대로 가지고 있는 사람입니다.

나는 글라스고에 있는 나의 샘플 룸에 그가 방문했을 때를 결코 잊지 못합니다. 그는 마치 스펀지처럼 모든 마지막 디테일까지도 흡착해 버렸습니다. 아무것도 놓치는 게 없었습니다.

내가 새로운 위스키들을 하나하나 그 앞에 내어 놓았을 때 그는 그것들의 모든 역사를 알기를 원했으며 왜 그것들이 그렇게 분명한 성격을 가지는지도 알기를 원했습니다. 이게 왜 이렇죠? 참나무통이 이런 뉘앙스를 만들었나요? 이탄의 어느 정도 사용량이 이렇게 만들었나요? 바다의 영향을 받은 건가요? 그것은 내 개인적으로 정말로 잊을 수 없는 하나의 시음이었습니다.

이제 우 교수님은 그의 심원한 지식을 당신에게 넘겨주려 합니다. 그처럼 위스키에 빠져들고 여유로워지며 즐길 수 있고, 위대한 위스키처럼 당신은 실망하지 않을 것입니다.

리차드 페터슨(마스터 블랜더)

추천사

　우판사 교수님의 『스카치 위스키: 그 전설의 고향을 찾아서』는 한 편의 멋진 기행문입니다. 과거 무라카미 하루키의 『위스키 성지여행』을 읽으며, 우리나라에도 이렇게 편하게 읽을 수 있는 좋은 위스키 책들이 많이 나왔으면 좋겠다고 생각했습니다. 이 책은 단순히 위스키에 대한 전문적인 지식만을 전달하는 것이 아닌, 스코틀랜드의 풍경, 역사, 사람을 함께 담고 있어 그곳의 많은 것을 간접 체험할 수 있는 기회를 얻을 수 있도록 합니다. 그 중 위스키 증류소를 지키던 거위, 증류소 안의 통에 빠졌던 아이와 인부, 네스공룡과 같은 이야기는 우리의 흥미와 궁금증을 유발합니다. 우판사 교수님은 스코틀랜드를 '천사가 취해 있는 곳'이라고 표현했는데, 과연 그곳은 어떤 곳일지 궁금해집니다. 최근 우리나라도 싱글 몰트 위스키의 열풍이 불고 있습니다. 향과 맛 그리고 역사성을 갖춘 싱글 몰트 위스키는 깊이가 있는 술이며, 향과 맛 그리고 분위기를 즐기는 음주문화가 정착이 되고 있는 우리나라에서 앞으로 발전 가능성이 크다고 예상됩니다. 교수님의 책을 다 읽고 나서 저는 스코틀랜드로 직접 여행을 다녀온 것 같은 착각이 들었습니다. 이 책은 그만큼 생생하고 상세한 최신의 정보를 담고 있는 좋은 책입니다. 오랜 세월 참나무 통에서 익으며 세상에 나올 날을 기다리는 싱글 몰트 위스키처럼 앞으로 출간될 우판사 교수님의 다른 책들도 기대해 봅니다.

전재구(한국음료문화연구회 회장)

추천사

어떤 시인이 말하기를, 산다는 것은 어딘가로 떠나고 싶은 여수(旅愁)와 돌아오고 싶은 향수(鄕愁) 사이를 왔다 갔다 하는 과정이라더니, 나는 이 책을 읽으면서 떠나고 싶은 충동을 억누르느라 심한 열병을 앓아야 했습니다. 우판사교수는 시간이 멈춘 듯한 동화같은 여행지, 잉글랜드와의 역사적 관계로 인하여 우리와 비슷한 아픔을 가진 땅, 느려도 허물이 되지 않는 그곳, 오래 기다려야 맛볼 수 있는 증류소가 있는 스코틀랜드로 떠나기를 맛깔스런 글과 생생한 사진으로 끊임없이 유혹합니다.

일찍이 우 교수님은 오랜 학창시절을 스코틀랜드에서 보냈고, 기쁨과 애환이 서린 스코틀랜드 땅에 대한 애착이 남다른 분으로 알고 있습니다.

위스키는 젊으면 젊은대로 원료의 맛에 충실하고, 오래된 위스키는 세월과 그 지역의 공기와 참나무통의 향을 고스란히 받아들여 기품있는 개성을 만들어 냅니다. 그 과정에서 위스키는 천사들에게 매년 2%나 내주기 때문에 천사들이 가장 머물고 싶어한다는 윗트는 즐겁기만 합니다.

하이랜드의 언덕을 바라보며 위스키를 마시다 취한다 해도, 증류소 주변의 천사가 찬송하고 신이 용서하리라는 확신을 가지고 우리를 또 한 번 유혹하는데요. 엔젤스팁(Angel's Tip)만 믿고 느림의 미학이 인정되는 그 마을을 찾아, 천사를 만나러 스코틀랜드로 떠날 채비를 서두릅니다.

손혜경(전남과학대학 호텔커피칵테일과 교수)

Prologue

무라카미 하루키가 가본 스코틀랜드 아일라 섬에서 나는 싱글 몰트 위스키들

여행은 참 좋은 것이다. 일상생활에선 알 수 없는 것들을 보며 느끼게 하기 때문이다. 그리고 다시 일상생활로 돌아와 지치고 힘이 들 때 그 여행의 추억을 되새기며 가벼운 웃음을 짓게 하고 다시 떠나기 위해 열심히 일할 수 있는 산소 같은 역할을 한다.

셀 수 없이 여러 차례 위스키 공장들을 방문하면서 언젠가는 위스키에 관한 글을 써보려고 했는데 무라카미 하루키의 『위스키 성지여행』(이윤정 옮김, 문학사상사, 2009)이라는 책을 읽게 되면서 그것은 현실이 되었다.

나는 1999년 처음으로 몇몇의 하루키 에세이를 읽으면서 참 편안하면서도 누구나 공감할 수 있는 글을 쓴다고 생각했다. 그 작은 인연으로 인해 내가 이 글을 쓰게 될 줄이야…….

하루키가 아일랜드에서 녹음을 바라보면서 참으로 아름답다고 느꼈다면, 나는 스코틀랜드의 하이랜드에서 그러한 느낌을 가졌다. 하루키가 아일레이라는 스코틀랜드의 작은 섬만 돌아보며 위스키를 마시는 동안 본토의 광활한 하이랜드를 빠뜨린 건 참으로 안타까운 일이다.

또한 요오코의 사진만으로 본다면 너무나 흡사한 아일랜드와 스코틀랜드의 풍경, 하지만 자존심 강하고 잉글랜드인과 구분되기를 원하며 자기들만의 독특한 문화를 오늘날까지도 계승하는 진정한 자유인들, 킬트를 입은 하이랜더 전사들이 사는 곳, 노을로 붉게 물들며 저무는 서쪽 하늘을 향해 불어대는 구성진 백파이프 가락, 전장터에서 죽은 전사의 시체를 찾는 가족들의 마음을 더욱 애절하게 만드는 그 소리…….

그리고 위스키 한 잔, 생명의 물이라는 위스키, 오랜 세월 잉글랜드에 저항하며 살아온 인내심 강한 이 민족이 그렇듯이 술마저도 오랜 세월 동안 참나무 통에서 익다가 세상으로 나갈 날을 기다리며 말없이 더욱 신비롭기만 한 갈색 그 자태.

이런 것들이 스코틀랜드를 특징짓는 것들일 게다.

어느 나라 술이든 간에 술은 늘 적당히 신비감이 있다. 원료가 발효되고 증류되어 맑은 액체가 되어 나올 때 사람들은 이미 이것이 갖는 애수를 짐작하는 것일까!

오늘날의 위스키를 말할 때, 그것은 또한 과학이라고 할 수 있다. 정밀히 분석되어 균일한 맛을 유지하기 위한 노력, 컴퓨터로 운영되는 시스템, 그래서 대부분의 작은 증류소들은 직원수가 10여 명 정도이다. 그렇다 할지라도 스코틀랜드가 갖는 자연환경과 장인정신이 위스키를 과학을 넘어서 전설로 만들고 전설을 뛰어넘어 신화를 만든다.

나는 오늘도 한 잔의 술을 마신다. 희망과 참담함, 사랑 그리고 애증을 실어서! 이 문화와 자존심의 결정체를 가슴에 쓸어 넣는다. 혀 속으로 스며들고 가슴으로 스며들며 나는 이것의 매력으로부터 맥을 못 추는 것이다.

화이트&맥케이사의 달모어 위스키

아담 스미스 동상에서 찍은 필자의 모습

추천사 • 04
Prologue • 08

스코틀랜드의 지리적 특색 • 15
스카치 위스키는 어떻게 제조될까? • 39
영국의 주된 이야깃거리인 날씨 • 119
스카치 싱글 몰트 위스키의 종류 • 151
위스키 즐기기 • 186

Epilogue • 188

스코틀랜드의 지리적 특색

사실 하이랜드니 로우랜드니 하는 것은 위스키 생산 및 판매업자들이 만들어낸 것이라고 한다. 오랫동안 스코틀랜드의 수도였던 에딘버러를 산업혁명의 이론적 토대를 만들었던 국부론의 저자 아담 스미스 그리고 산업현장에서 가동할 증기기관을 만든 제임스 와트의 고향 글라스고와 비교해 지도에서 찾아보면 에딘버러는 동쪽 해안에 있고, 글라스고는 거의 같은 위도상의 서쪽 해안에 위치한다.

글라스고 시내 중앙에 위치한 제임스 와트 동상

글라스고의 켈빈그루브 아트갤러리

화이트&맥케이사에서 내려다본 글라스고 시내

글라스고 시내의 쇼핑거리

글라스고 시내의 모던아트 갤러리 기둥이 코린트 양식으로 되어 있다.

글라스고 시내에 위치한 로얄 콘서트홀

글라스고 대학

글라스고 시내의 미셸 도서관. 유럽에서 가장 큰 규모를 자랑한다.

스코틀랜드의 지리적 특색 **21**

정반대의 동서쪽 끝에 자리잡고 있지만, 스코틀랜드 지도를 펼쳐놓고 보면 두 도시 사이의 지형이 마치 병목처럼 가늘게 되어 있어 고속도로를 자동차로 달리면 약 한 시간이 못 미치는 거리이다. 이 두 도시를 자를 대고 일직선을 그으면 위 아래가 나뉘어지는데, 윗지방을 하이랜드, 아랫지방을 로우랜드라고 스코틀랜드 사람들은 부른다. 굳이 좀 더 세분화하자면 이 두 도시 근방의 지역은 미들랜드라고 부를 수 있겠다.

에딘버러 로얄마일의 고미술품점에 진열된 스코틀랜드 지도와 에딘버러의 옛날 모습

글라스고의 클라이드 강과 시내를 한눈에 볼 수 있는 전망대의 모습

위스키를 만들던 이들이 이렇게 구분하는 것은 스코틀랜드의 하이랜드와 로우랜드 그리고 섬지역의 물맛이 다르기 때문이다. 대륙 이동설에 따르면 하이랜드는 아메리카의 록키산맥에서 떨어져 나왔고, 로우랜드는 유럽에서 이동해 큰 두 땅덩어리가 부딪혀 오늘날 영국이라는 섬나라를 만들었다는 것이다. 그래서 각각의 산지에는 물맛이 다르다는 것이다. 물맛이 다르니 생산되는 위스키에도 영향을 미칠 수밖에! 하이랜드의 청아한 물맛, 유럽의 석회가 들어 있는 뽀오얀 물, 이것이 아마도 로우랜드 물에 영향을 미치는 건 아닐까! 그리고 바닷가를 두고 있는 섬 지역의 짭조름한 바닷맛!

캠벨타운으로 가는 도중 인버레이 항구에서

캠벨타운으로 가는 도중 해변에서. 톳나물이 많이 자란다.

비행기에서 내려다본 포스로드 브리지. 강이 바다로 흘러들어가는 하구언. 당대 최대 철강을 소비해서 만들었다.

스코틀랜드의 지리적 특색

어쨌든 이 모든 것이 스카치 위스키의 특징이 되는 것이다.

한 시간 거리인데도 불구하고 같은 날 글라스고에서 에딘버러로 가는 중에는 글라스고에서 햇볕이 쨍쨍 내려 쬐는데도 에딘버러 근처에는 비가 오기도 하는 정말 이해할 수 없는 기후를 맞딱뜨리게 된다. 아마도 글라스고는 대서양의 기후를, 에딘버러는 북해의 영향을 받아서일까!

이제 하이랜드 하면 꼭 지형이 높아서일까 하는 의문점은 해결이 된 셈이다. 사실

로흐로몬드 호수. 중앙에 멀리 벤로몬드 산이 보인다.

스코틀랜드의 초원

스코틀랜드에서 가장 높은 산이 벤 네비스(Ben Nevis)로 약 1300미터 정도이다. 대부분은 200~400미터 사이로 낮은 산이 많은데 스코틀랜드 사람들은 언덕(Hill)이라고 하는 편이다.

또는 우리가 '에밀리 브론테(Emily Bronte)'의 소설 『폭풍의 언덕』의 영어 원제를 보면 'Wuthering Heights'라고 되어 있는데 이 언덕에 해당하는 Height라고 봐도 무방하다. 물론 스코틀랜드의 하이랜드 지방은 이런 언덕이 셀 수 없이 많을 정도지만 로우랜드에도 이런 언덕은 많이 있다. 폭풍의 언덕은 더 남쪽에 위치한 요크셔 지방에 있다. 폭풍의 언덕에서도 잘 묘사되어 있는 것과 같이 여주인공 캐더린이 어린 시절 언덕에 올라 뛰어 놀던 곳에서 10월이면 보라색 꽃을 피우는 헤더(Heather) 또는 히스(Heath)라고 불리는 작은 관목이 스코틀랜드 산들을 뒤덮고 있는 대표적인 수목이다.

스코틀랜드의 국화 엉겅퀴. 바이킹이 침입했을 때, 날카로운 가시에 찔려내는 소리로 적의 침입을 알 수 있었다 한다.

이탄. 땅에서 몇천 년을 보낸 석탄의 사촌쯤 된다.

그러기에 스코틀랜드 산들은 큰 나무가 없어 독특한 산의 모양을 그대로 드러내고 있다. 사실 이 헤더라는 관목류가 땅속에서 약 몇천 년의 세월을 보내면 이탄(Peat)가 되는데 땅속에서 백만 년의 세월을 보내는 석탄(Coal)의 사촌쯤 된다고 생각하면 된다.

사람의 관점에서 봤을 때 몇천 년은 큰 세월이다. 그런데 땔감으로 쓰이는 이런 탄들에게 있어서 몇천 년의 세월은 좀 부족한 것일까! 이탄은 스코틀랜드 사람들에게 겨울철 땔감으로 이용되었는데 표면이 아직 식물덩쿨 같이 거칠고 화력도 약한 편

이탄을 때는 화로

스코틀랜드의 지리적 특색

이다. 이 이탄은 위스키의 원료인 보리의 싹을 틔운 후 더 이상의 성장을 막기 위해 말릴 때 이탄의 연기를 쏘이게 된다. 이때 이 연기는 위스키의 독특한 맛과 향을 형성하는 데 일조를 하게 된다. 자기 몸을 불살라 위스키 속에 녹아 드는 것이다.

어느 여름날 내가 스카이 섬이라는 곳을 여행하고 있을 때였다. 스카이 섬에서 생산되는 위스키는 유명한 탈리스커가 있다. 바다의 해변에 거의 맞닥뜨려 있는 숙소에서 나는 여장을 풀고 바에 내려가 이 고장 특산품인 탈리스커를 한 잔 주문하고 통 유리로 바다가 한눈에 들어오게 되어 있는 앞쪽 유리에 자리한 의자에 가서 앉았다. 숙소 앞 뜰에서 한가로이 풀을 뜯는 말들과 양을 보면서 이 지구상에서 가장 편한 사람이 된 것 같이 긴장감은 완전히 사라지고 정면으로 바라다보이는 바닷가 해안에 조그맣게 솟아서 몸을 드러내는 이름 모를 섬을 바라보면서 신의 천지창조를 예찬하고 있었다.

안주머니에서 시가케이스를 꺼내 케이스를 연 후에 코로나 사이즈의 쿠바산 로미오 앤 줄리엣이라는 시가를 피워 물고 때마침 바텐더가 가져다 주는 탈리스커를 한 모금 할 찰나, 목에서는 경기가 나듯 딸꾹질이 났다.

스카이퀼랑

킬트 락

시가를 피는 김수영 군

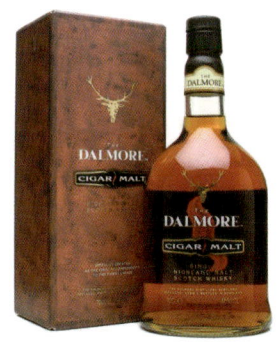
시가와 잘어울리는 달모어 시가몰트 위스키

　스카치 위스키 중 바닷가 근처에서 생산되거나 섬에서 생산되는 위스키는 유독 이탄 연기를 보리에 많이 쏘이는데 그래서 '스모키 하다'라고 불리는 굉장히 독한 향과 맛을 낸다. 탁한 맛에 연기를 냄새 맡지 않고 맛을 본다고나 할까!

　아! 이 '스모키 하다'는 향과 맛은 내 입맛에는 영 맞지를 않았다. 적어도 부드러운 술을 좋아하는 나에게는 말이다. 스코틀랜드를 지리적으로 구분할 때 또 하나의 지역은 이 섬 지방 아일랜드(Island)라고 불린다. 특히 섬 지방에서 생산되는(이미 하루키도 이야기했듯이) 위스키는 바닷물 섞인 바람에 숙성되어지고 원료인 물에도 짭조름한 소금기와 분해된 해조류가 섞인 것이다. 게다가 특별히 이탄연기도 많이 쏘인다.

　그럼에도 불구하고 많은 유럽인들과 특히 스코틀랜드인들은 이 스모키한 섬지방 위스키를 즐기며 사랑한다고 한다. 그날 나는 결국 탈리스커를 한 모금 이상 마시지 못하고 싱글 몰트의 제왕이라는 맥캘란을 다시 주문해 마셨다. 난 역시 부드러운 남자라고 생각하면서……. 하루키의 말처럼 "술은 산지에서 마셔야 가장 제 맛이 나고 산지에서 멀어질수록 그 술을 구성하고 있는 무언가가 조금씩 바래지는 듯한 느낌이 든다"라는 말은 정말이지 정확한 말인 듯싶다.

에딘버러 로얄마일에 있는 펍. 벽에 이렇게 씌어 있다. "술이 나오는 꼭지에 최대한 가까이 입을 대고 펍에서 죽는 게 나의 가장 간절한 계획일지라. 찬송이 울려퍼질 때 천사들이 기도하길. 오! 주님 이 술고래에게 제발 자비를 베푸소서." (Dryden)

로흐 로몬드 호수의 모습

로흐 로몬드 호수의 요트 정박장

스코틀랜드의 산과 호수 그리고 바다 양떼들, 무엇 하나 스코틀랜드적이지 않으면 최고의 스카치 맛을 느낄 수 없는 것이다.

시가가 다 타는 동안 그 아름다운 섬 프린스 보니 찰리의 전설을 담고 있으며 스튜어트 왕조의 마지막 수호자들인 자코바이트 당원들의 항쟁지에서의 밤은 깊어 갔다.

밤늦게까지 아코디언 연주자는 흥겨운 스코틀랜드 댄스를 위한 음악을 연주하고 타탄무늬의 치마 같은 킬트는 스텝에 맞춰 자유로이 팔랑거린다. 어느 나라에서 왔건 몇 잔의 위스키를 마신 우리는 모두 이렇게 하나가 된다.

에딘버러 로얄마일에 있는 한 펍

로얄마일 펍

비운의 여왕 퀸메리 스콧.
이 여왕의 아들은 킹 제임스 6세로 잉글랜드와
스코틀랜드의 통합왕이 된다.

스코틀랜드의 지리적 특색

로얄마일에 있는 한 펍의 내부 모습

영국 최고의 위스키인 '달모어' 브랜드의 상징인 사슴문양은 알렉산더 3세가 사냥을 나가던 중 수사슴에게 봉변당하고 있을 때 맥켄지가 그를 구하고 나자 감사의 답례로 수사슴의 문양을 하사하였다고 한다.

대낮부터 술을 마시는 Boozy men들!(Boozy men: 영국의 구어로 취객을 뜻한다.)

스카치 위스키는 어떻게 제조될까?

애버딘 거리

　애버딘을 처음 방문하는 관광객들은 영국의 여느 도시들보다도 세련된 듯한 이미지로 인해 기존에 영국에 대해 갖던 보수적이며 클래식한 분위기로부터 한동안 다른 세계의 경험을 할 수 있을 것이다. 물론 애버딘이 클래식하지 않으며 또한 영국적이지 않다는 말은 아니지만 도시에 처음 들어서면 환한 화강암의 밝은 빛으로 기존의 어둡고 무거운 영국의 다른 도시들로부터 색다른 이미지를 느끼게 되는 것이다. 온통 도시는 화강암으로 환한 분위기이며 비가 자주 내려서 이끼 같은 것이라도 끼어 있을 법한데 그런 것마저도 잘 보이질 않는다. 한 번은 바람이 거세고 가랑비가 흩날릴 때 바닷가에서 해일처럼 마치 스프레이로 물을 뿌리듯이 날아오는 소금기성의 습기가 이끼 같은 것의 성장을 막는 것이 아닌가 하는 생각도 해보았다.

　시내 가까운 곳에 항구를 두고 있는 애버딘은 새벽마다 어시장이 들어서고 바다 저쪽에는 북해의 유전이 쉴새없이 불을 품고 있다. 이 도시에서 '시용성의 죄수'로 유명한 당대 최고 유럽 지식인으로 불렸던 바이런이 유년기를 보냈다. 어머니는 가난한 사관이었던 아버지의 둘째 부인이었으며, 아버지는 프랑스에서 방랑하다 갑자기

죽는다. 그 후 어머니는 바이런과 함께 자기 고향인 애버딘으로 돌아와 살게 되었다. 미남자였으나 한쪽 다리를 저는 불구였고 어린 시절 유모 메이 그레이의 캘빈주의적 종교교육을 받았는데 이런 것들이 성장하면서 오히려 그의 반항아적 기질을 낳게 했다고 전한다. 이는 이복누이와 연정을 나누는 등 방종한 지식인으로 보이게도 했다. 귀족이었던 그는 유럽의 많은 곳을 여행하며 좋은 글을 남겼다. 나는 오래 전에 스위스의 로잔을 방문했을 때 이 시용성을 들러 보았다. 지하 감옥에는 바이런이 방문했을 당시 자기 이름을 새겨놓은 곳을 특별히 유리 커버를 씌워놓아 보존하고 있었다. 겨울 바람에 호수의 물이 감옥의 바깥벽을 을씨년스럽게 찰싹찰싹 부딪히

흐린 가운데 음습해 보이는 로흐 로몬드 호수

는 것을 보고 햇빛도 들지 않는 음산한 곳을 둘러본 바이런이 뭔가 영감을 얻었을 거라는 생각이 쉽게 들었다.

그때는 겨울이었는데 거리에는 눈이 쌓였다. 그리고 유럽이 다 그렇듯 일찍 해가 지면서 칙칙했던 모습은 소설의 분위기에 너무 잘 어울린다는 생각을 했다.

애버딘 시내 곳곳에는 황금색으로 장식된 역대 왕들의 동상이 서 있고 뾰족뾰족한 첨탑이 하늘을 찌르는 듯 서 있는 마셜 칼리지의 건축양식도 인상적이다. 하버 즉 앨버트 항구에는 7~8월이 되면 청어와 대구잡이로 만선이 된 어선들로 북적이고 또한 유니언 스트릿의 작은 성 모양의 세인트 앤드류 대성당, 쇼핑센터 옆 세인트 니콜라스 교회, 빅토리아 왕조의 독특한 테라스식 가든 등 작은 규모의 시내지만 옛것과 현대의 조화 그리고 교육 문화 어느 것 하나 뒤지지 않는 도시, 아! 참 애버딘에

로흐 로몬드 카메론 하우스 앞에선 필자.
지금은 최고급 호텔이지만 나폴레옹과의 전쟁 시 참전한 가문의 소유 저택이었다.

애버딘의 마샬 칼리지   애버딘의 캐슬 스트리트: 1890년대의 모습

도 올드 타운은 있는데 북쪽의 돈강을 끼고 킹스 칼리지 주변으로 형성되어 있다.

조용하고 구릉진 언덕으로 이어지는 곳은 건물의 돌 조각들마저도 오랜 세월의 흔적을 조용히 말해주듯 색깔도 시내와는 사뭇 달랐다. 킹스칼리지 앞에 누워 있는 지금은 기억마저도 희미하지만 돌관에 새겨진 갑옷 입은 기사의 조각도 닳아 무디어져 시내에서 보는 모던한 분위기와는 또 다른 면이 있다.

애버딘 대학

여왕의 여름 별장(에버딘 발모랄 캐슬)

홀리루드 궁전 1. 여왕의 공식적인 거처지 4곳 중 하나이며 많은 역사적 무대가 되었던 산실이다.

홀리루드 궁전 2

홀리루드 궁전 3

어느 여름날 오후 늦게 도착한 시내에서 약간 떨어진 디 사이드 쪽의 식당에서 나는 아주 재미있는 인테리어를 보았다. 각종 골동품 골프채, 골프공, 그리고 골프코스의 그림으로 벽이 장식된 그곳은 심지어는 테이블의 식판, 물컵 받침대까지도 골프와 관련된 오랜 흑백 사진들로 꾸며졌다. 골프를 좋아하는 나로서는 식사시간 내내 흥분되는 곳이었다. 이 펍(하루키의 책 한국번역판에 퍼브라고 번역된 것은 일본식 발음일 것이다. Public Bar의 줄임말인 PUB은 현지에서 펍으로 발음된다)은 골프를 좋아하는 사람들의 모임 장소로 쓰이고 그곳에서 그들은 싱글 몰트 위스키를 한 잔하면서 그들이 즐기는 범국민적 스포츠 골프를 이야기하고 있었다. 골프를 좋아하는 사람들끼리 만나면 그렇듯 골프 얘기는 끝이 없다. 그날 맥주 한 파인트 내기라도 했을라치면 어느 홀에서 실수한 이야기며 어느 홀에서 환상적으로 볼을 그린에 올린 이야기 등으로 화기애애한 분위기는 계속된다. 좋은 친구란 위스키 한 잔과 같은 것이다. 변함없고 곁에서 즐거운 대화를 나눌 수 있게 해주고 위스키처럼 침묵하고 있어도 서로를 너무 잘 이해할 수 있는……

에딘버러 로얄마일에 있는 멋진 찻집 외부

찻집 내부 모습

리버톤 골프코스 페어웨이 모습 멀리 클럽하우스가 보인다.

　애버딘에 대한 소개는 애버딘이 위스키에 대해 갖고 있는 비중이 너무 크기 때문이었다. 하이랜드 위스키 중 상당수가 스페이 사이드 등지에서 밀집 생산되고 있기 때문이다.
　먼저 내가 가장 처음 방문해 본 위스키 증류소 중 하나인 디사이드의 로얄 로크나가 위스키 증류소는 디강의 상류에 위치하고 있으며 나가 산을 바라다 보며 주변으로 소떼들만 보이는 초록의 초원구릉 지대에 위치하고 있다. 바로 곁에 영국 왕가의 여름 휴가 동안 머무르는 공식적인 거주지 발모랄 캐슬이 자리잡고 있다. 그로 인한 인연으로 19세기 중반 빅토리아 여왕은 남편인 앨버트 공과 함께 바로 이웃인 존 백의 초대로 위스키 증류소를 방문, 마침내는 로얄이라는 칭호를 이 위스키에도 붙일 수 있도록 했다.

왕립극장 바

글렌가일 증류소의 모습

글렌가일 증류소의 제분기

글렌가일 증류소의 매쉬툰

글렌가일 증류소 워시백

스카치 위스키는 어떻게 제조될까? 51

넓은 주차장을 지나 안으로 들어가면 상냥한 스코틀랜드 안내원들이 위스키숍을 지키고 있다가 인사를 한다. 정해진 시간별로 관광객이 모이면 시작하는 증류소 안내는 기다리는 동안 숍을 구경할 수 있는데 스코틀랜드의 여러 싱글 몰트 위스키, 책자 등을 놓고 판매하고 있다.

오킨토산 증류소의 숍 내부

오킨토산 증류소의 외부 모습

일하는 사람들, 그 중에서도 안내하는 안내원마저도 그곳에서 일하는 걸 아주 자랑스럽게 여기는 것 같다. 설명하는 한마디 한마디에 최선을 다했고 중간중간 이어지는 질문에도 정확히 대답해 주었다.

오킨토산 증류소의 가이드

숙성창고에서 필자의 모습

스프링 뱅크 증류소 건물

스프링 뱅크 증류소의 병입 과정

스카치 위스키는 어떻게 제조될까? 55

로흐 로몬드 증류소의 내부 모습과 킬트를 입은 이는 대표이사 게빈

로흐로몬드 증류소 상황실 모습, 모든 건 컴퓨터로 제어된다.

　마치 자기가 이 증류소의 주인이라도 된 것처럼, 사랑하는 사람이 그 상대를 보며 눈으로 말하는 듯한 그런 애정을 담아 이야기했다. 그들은 위스키를 충분히 이해하고 있었고 그들의 선조가 그랬듯이 이 역사 깊은 곳을 지켜 나가는 데 아무런 문제가 없어 보였다.

로흐 로몬드 블렌더 존 페터슨

위스키는 물과 보리와 누룩, 이 세 가지가 기본원료이다. 언뜻 보기엔 너무 간단해 보인다. 단순히 이 세 가지가 그토록 오묘하고 신비스러운 위스키를 만들어낸다는 말인가! 물론 이것만이 위스키의 모든 것은 아니지만 이 세 가지가 없으면 위스키는 생각해볼 수도 없는 것이다.

위스키를 만드는 세 가지 원료: 맥아, 효모, 물

스코틀랜드의 보리밭

증류소에는 독일인 등 유럽인이 많이 방문하고 일본인들도 가끔 눈에 띈다. 한국인의 경우 내가 운영하던 여행사로 인해 방문할 수 있는 기회가 늘었다. 스코틀랜드 여행 프로그램에 증류소 방문을 꼭 넣었기 때문이다. 정말이지 일본인들은 안 가는 곳은 없는 듯했다. 깃발 들고 단체로 따라다니는 여행말고도 가족이나 개개인들은 스코틀랜드 구석 구석, 여기라면 동양인들은 많이 모르는 곳이겠지 생각되는 곳에도 가끔씩 일본인들은 눈에 띈다. 안내원은 보리를 물에 담가 싹을 틔운 후 성장을 멈추게 하기 위해 이탄을 땐 열풍으로 말리고 그것을 갈아 만든 가루를 맛보게 해준다.

맥아에 이탄연기를 쏘이는 곳.
바닥에 연기가 올라오는 작은 홈이 있다.

제분기. 설치 후 단 한 번도 고장이 없단다.

이탄을 때는 화로

스프링뱅크 롱그로우

보리를 바닥에 깔고 물을 채워 싹을 틔우는 곳

보리를 바닥에 깔 때 쓰는 도구

　생보리와 물에 담궜던 몰트도 함께 맛보게 한다. 싹을 틔우면 그로 인해 당분이 생기게 되는데 알코올을 만들려면 이 당분이 절대적으로 필요하다.
　여름철 휴가를 스코틀랜드로 와서 여기에 들른 외국인들은 마냥 신기한 듯 쳐다보고 맛을 보고 한다. 맛이 이상한 듯 퉤퉤 뱉기도 하고 따라온 아이들도 술에 관심은 없을지언정 재미는 있는 모양이다. 사실 백 번 이렇게 지면으로 설명하는 것보다 한 번 직접 보는 것이 낫다는 것은 누구나 다 아는 이야기다. 아이들에게 있어 이곳 방문은 현장교육인 동시에 산 경험으로 오랫동안 잊히지 않을 것이다. 그들도 자라서 나중에 스카치 위스키를 마시면서 이곳을 생각할 것이다. 가족과 함께 다니며 무얼 보고 즐긴다는 것만큼 좋은 게 있을까! 난 늘 유럽인들이 가족과 함께하는 시간이 많은 걸 보면 부럽다. 그리고 너무나 사랑스럽다. 놀랍지 않은가! 이 스코틀랜드의 시골까지 와서도 애들에겐 무료하기만 할 것 같은데도 구석구석 무언가를 찾아다니며 부모와 함께 모험을 즐기는 아이들, 단순히 시간을 보내는 것이 아니라 좋은 공부도 함께하는 가족 사랑 시간 만들기. 우리나라의 부모님들도 이젠 아이들을 위해 시간을 좀 내었으면 한다.

에딘버러 로얄마일에 있는 위스키 익스피어리언스의 모습

위스키 익스피어리언스 내부

곱게 빻아진 몰트 가루 즉 맥아 가루는 이제 매쉬튠이라는 거대한 물통으로 옮겨져 따뜻한 물 속에 잠기게 된다. 간단히 말하면 단밥을 만드는 과정인데 매쉬튠 안에는 선풍기 날개 같은 것이 달려 있어 계속 회전하면서 맥아가루와 물을 잘 섞어준다.

이 날개 같이 생긴 것에는 날카로운 날이 달려 있어 섞는 동안 내용물을 더욱더 잘고 곱게 만드는 역할을 하게 되는 것이다. 이 과정으로 인해 만들어진 용액을 워트라고 부른다. 부유물이나 가라앉은 맥아가루 찌꺼기는 하나도 낭비되는 게 없다고 자랑스럽게 안내원들이 이야기하는데 실지로 이것들은 농장에 비료대용으로 쓰이기도 하고 소를 먹이는 소 먹이에 섞어 넣는다고 한다. 스코틀랜드인들은 낭비하는 법이 없고 지독히 구두쇠로도 잘 알려져 있다. 과거에 잉글랜드보다 인구가 적고 곡물을 생산할 수 있는 땅 등이 부족해 상대적으로 가난했는데 이로 인해 근검절약 정신은 몸에 밴 것 같은 느낌이다. 기억에 남는 것은 인버네스의 어느 비엔비(Bed &

매쉬툰의 모습

매쉬툰 속에 선풍기 날개 같은 것이 보인다.

스카치 위스키는 어떻게 제조될까?

에딘버러의 리버턴 골프코스

Breakfirst: 우리나라 여관에 해당 아침식사가 나옴) 주인장이 아침 식사하러 손님들이 드나드는 식당 문을 고이기 위해 만든 받침대는 오래된 골프채를 빈 화분에 넣고 시멘트로 굳혀 허리를 굽히지도 않고 긴 골프채 손잡이를 들어 필요에 따라 문을 고이기도 하고 한쪽으로 치워놓기도 해 꽤 쓸 만한 물건을 만들어 놓았다. 이를테면 폐품 활용이랄까! 한 번은 스코틀랜드의 시골 마을에서 싱글 몰트 위스키를 마시는데 현지인 친구는 과장된 몸짓을 섞어가며 컵에 남은 위스키 한 방울마저도 혀로 핥아 마셔야 된다는 지극히 구두쇠적이며 스코틀랜드 사람 같은 이야기를 했다. 이런 스코틀랜드인들이 어떻게 공을 잃어버리기 딱 좋은 골프란 스포츠를 만들어 냈을까!

클럽하우스 앞의 해시계

리버턴 골프코스 클럽하우스

이 당도가 굉장히 높은 워트는 냉각기를 통해 차게 식게 되고 워시백으로 옮겨지게 된다. 워시백은 하루키의 책 한국판에서 발효조로 나와 있는데 숙성을 위해 저장되는 술통과 혼동될 수 있다는 느낌을 받았다. 워시백은 발효를 위해 만들어진 통이다. 전통적으로는 나무로 만들어지는데 하루키가 가본 아일레이의 보모어가 그렇듯 오리건주의 소나무로 만들어져 있다.

로얄 로크 나가 증류소가 그랬고 글렌고얀 증류소도 그랬다. 그러나 이젠 많은 증류소에서 금속 등으로 대체하고 있다고 한다.

높이는 7~8미터 정도, 지름은 2미터 이상 되어 보이는 아주 큰 통이었다.

스프링 뱅크 10년산 위스키

스프링 뱅크 증류소의 워시백 1

스카치 위스키는 어떻게 제조될까? 69

스프링 뱅크 증류소의 워시백 2

스프링 뱅크 증류소의 워시백 3

글렌스코티아의 금속 워시백

워시백의 위의 거품을 제거하는 모터

이 워시백으로 옮겨지는 와중에 워트는 냉각기를 통과한 다음 이스트, 즉 누룩을 첨가하게 되는데 냉각기를 통과하는 이유는 뜨거운 워트용액에 일종의 곰팡이 균인 누룩이 닿으면 죽게 되기 때문이다. 매쉬튠에서 발효가 되는 동안 워트와 누룩이 만나 열을 내며 화학작용이 일어나게 되고 거품이 발생한다. 지금은 모터로 거품을 걷어내지만 예전에는 일일이 사람들이 떠내야 했다. 이를테면 정확히 맥주가 만들어진 셈이다. 보리를 원료로 한! 안내원은 재미있는 이야기를 하나 해주었다. 옛날에 거품을 걷어내기 위해 초등학교학생들을 고용해 일을 시켰는데 이 큰 통에 사고로 학생이 빠지게 된 것이다.

온몸을 맥주로 샤워하고 물론 맥주도 좀 마시게 되겠지만……, 빠진 아이 덕분에 위스키에는 인간의 몸에서 나오는 물질들도 원료에 포함이 될 거라는 이야기에 다들 폭소가 터지고 만다. 지어냈든 지어내지 않았든 그럴싸하다. 그런데 다른 증류소에서도 이와 비슷한 이야기를 들은 적이 있다. 일하던 인부들이 사고로 술 통에 빠져 인부들이 맥주를 실컷 마셨다는! 스코틀랜드인의 재치와 유머를 들여다 볼 수 있다. 약 70여 시간의 발효과정을 거치면 농도 7~8% 정도의 맥주가 탄생하는데 이를 워시라고 부른다. 그러므로 워시백은 워시를 담고 있는 통, 그 정도로 해석하면 되겠다. 그런데 이 워시를 맛본 이들은 맥주하고는 영 딴판으로 맛은 없다고 하니 행여 스코틀랜드를 방문하시는 분들은 마시려고 시도할 필요까지는 없을 듯!

워시는 폿스틸이라고 불리우는 증류기로 옮겨지는데 두 번의 증류과정을 거친다. 폿스틸은 구리로 만들어져 있고 큰 호른 같이 생겼다. 물론 각 증류소마다 이 생김새는 다 다른데 증류를 할 때 이 스틸의 모양에 따라 위스키의 맛이 변화한다고 한다.

그래서 증류소는 규모를 확장하거나 할 때 늘 같은 모양으로 스틸을 제작한다. 구리로 만들어져 열에 민감하지만 녹이 슨다든지 하는 부식이 잘 일어나지 않아 반영구적으로 쓸 수 있는 장점도 있다. 하나의 증류소에서 한 가지 종류만 생산되는 싱글 몰트 위스키, 우리의 인생도 이와 같지 않을까! 누구도 같은 인생을 살 수는 없는 것, 그래서 우리 모두는 각기 다른 성격에 살아온 과정도 제각기 다르지 않은가! 그렇지만 개개인은 모여서 또 다른 하나, 즉 공동체가 된다. 싱글 몰트 위스키 또한 다양성이 하나로 합해져서 블렌디드라는 또 하나의 위스키가 되듯이 말이다.

글렌스코티아 시그나토리 1991

글렌스코티아 디스틸러리 전경

로흐로몬드 증류소의 스틸팟

오킨토샨 증류소의 스틸팟

글렌기업 증류소의 스틸폿

글렌스코티아 증류소의 스틸폿

스프링뱅크 증류소의 스틸폿

스틸폿 모양의 위스키 상품

화이트&맥케이사의 마스터 블렌더 리차드 페터슨

화이트&맥케이사의 블렌딩하는 곳

스카치 위스키는 어떻게 제조될까? 77

스코틀랜드 천혜의 공해 없는 자연환경

증류는 두 번에 걸쳐서 이루어진다. 워시스틸 또는 로우와인 스틸이라고 불리우는 첫 번째 증류기를 한 번 통과하고 약 30% 정도의 알코올 농도를 갖게 되며 다시 스피릿 스틸을 통과하면서 70% 이상의 고농도 알코올이 만들어진다.

증류과정은 매일 이루어지는 것은 아니고 일주일에 약 3일 정도 이루어진다. 스틸이 고온에서 열에 민감한 구리로 만들어져서 형태가 팽창하기 때문에 냉각하는 시간을 필요로 하기 때문이다.

저장 탱크에 저장되는 위스키는 불과 몇 시간만에 알코올 농도가 약 65% 미만으로 떨어진다고 한다. 물론 그중에는 공기 중으로 증발하는 알코올도 있을 것이며 냉각 시 공기 중의 수분과도 섞일 것이기 때문이다.

세이프. 이곳에서 순도를 측정하며 재증류를 결정한다.

전통적인 냉각기의 모습

스카치 위스키는 어떻게 제조될까? 79

저장탱크에 있는 알코올은 주유소의 기름을 넣을 때 쓰는 주유기의 꼭지처럼 생긴 기구를 통해 참나무 통으로 들어간다.

스코틀랜드에서는 법으로 참나무 통에서 3년 이상 숙성되지 않으면 위스키라고 부르지 않는다. 3년이 안 된 알코올은 스피릿이라고 부른다. 물론 숙성도 스코틀랜드 땅에서 이루어져야 함은 물론이다. 숙성 시 사용되는 참나무 통은 새로 만든 참나무 통이 아니다. 미국에서 버번 위스키를 숙성시킬 때 쓰던 참나무 통과 스페인의 셰리 주를 숙성시킬 때 쓰던 참나무 통을 위스키를 숙성시키는 데 쓴다. 셰리주 통이 버번통보다는 크기 면에서 커 보였다.

냉각기. 급속히 알코올을 냉각시키는 종류이다.

글렌가일 증류소 냉각기 모습

80 **스카치 위스키**: 그 전설의 고향을 찾아서

숙성창고에서 쉬고 있는 참나무통

장식용으로 쓰이는 참나무통

다 쓰고 버려진 참나무통

그리고 셰리가 가지고 있는 특유의 과일 향 때문에 셰리 통은 가격 면에서도 버번 통보다도 훨씬 비싸다. 싱글 몰트의 황제라고 불리우는 맥캘란은 오직 이 셰리 통만을 숙성을 위해서 쓰고 있다.

숙성이라는 단계는 매우 중요하다.

위스키가 오랜 세월을 참나무 통 안에서 잠을 자는데 이 잠을 자는 것은 단지 아무것도 하지 않은 채 누워 있는 것만을 의미하지는 않는다.

스코틀랜드의 공기를 호흡하고 그것은 스코틀랜드의 산과 강들을 달리고 북대서양의 바람이 잠시 쉬어가기도 하는 하이랜드의 어느 마을에서 일어난 이야기를 들으며 때로는 산바람을, 때로는 들바람을 그리고 바닷바람을 접하는 것이다. 글렌코에서 일어난 슬픈 비애를 전해 듣기도, 스털링의 700년 전 승전보를 듣기도 하며 어느 날 우연히 꿈속에서 나타난 사슴이 가르쳐준 샘물을 찾아 나선 이가 꿈속의 샘물을 찾아내 그 자리에 위스키 증류소를 만든 이야기 등등……

웨어하우스의 벽모습. 1800년대 미국으로 수출되던 위스키는 배에 싣고 가서 돌아올 때 배의 무게 중심을 잡기 위해 미국에서 돌을 싣고 스코틀랜드로 돌아왔고 버려진 돌들은 숙성창고의 건물을 짓는 데 쓰였다.

잠을 자고 있는 참나무통. 이곳의 천사들은 늘 행복하다.

스프링뱅크 숙성창고의 모습

스카치 위스키는 어떻게 제조될까? 83

위스키숍 내부

스프링뱅크가 운영하는 카덴헤드숍의 위스키를 직접 따라 마실 수 있는 오크통

모든 것이 스코틀랜드의 삶이어야만 한다. 그래서 스코틀랜드 땅을 떠나 숙성되면 더 이상 스카치가 아니다.

매년 천사의 몫이라 불리우는 약 2% 가량의 위스키가 공기 중으로 증발하는데 어느 한 안내원은 그래서 스코틀랜드의 천사는 증류소 주변을 가장 사랑하고 늘 행복할 수밖에 없다고……

스프링뱅크의 과거 모습

한 병에 1500만 원 하는
달모어의 초호화 위스키

　오늘날 우리의 전통주에는 이 숙성이라는 단어를 떠올리기가 너무 힘들다. 술도 역사를 반영하는 것일까! 일제시대를 거치면서 많은 전통주와 가양주가 사라졌고 박정희 정권 때는 쌀 부족을 이유로 쌀로 빚는 술을 만들지 못하게 했다. 얼마 전 중국에서 청나라 말기 술통이 잊혀진 지하 저장고에서 발견됨에 따라 약 100년 가량 숙성된 술이 병당 억대 이상을 호가하는 것을 보았다.

　붉은 수수밭이라는 영화를 보면 발갛게 증류된 술이 사람도 들어가는 큰 독에 담겨져 저장되는 걸 볼 수 있다. 중국이나 한국의 술들도 참나무 통은 아니지만 큰 독에서 숙성기를 거쳤을 것임에 틀림없다. 숙성기간 동안 술은 부드러워지고 밀도도 높아진다고 한다. 참나무 통에서 숙성된 경우는 참나무가 가지고 있는 특유의 향이 술에 배이고 셰리주 통이었거나 버번주 통이었다면 그 술의 향도 또한 술에 배이게 되는 것이다. 이런 복합적인 과정을 통해 위스키는 처음에 증류기를 통과해 만들어진 스피릿으로부터 새로운 술이 되는 것이다. 한국에서나 일본에서 주로 마시는 위스키는 프리미엄 급이라는 12년산 이상이다.

　12년이라는 세월은 결코 짧은 시간이 아니다. 그것은 우리 나라가 요즘 들어 새롭 시내 한복판을 흐르는 강 덕분에 나는 영화 '흐르는 강물처럼'에서 보았던 플라이 낚시를 하는 걸 자주 보게 되었다. 연어가 바다로 나가기도 올라오기도 하는 강에서 몸의 가슴에까지 올라오는 고무 장화를 신고, 낚시 바늘을 허공에다 바람에 실려 던지고는 물에 가라앉으면 릴을 서서히 잡아당기며 하는 꽤나 멋있어 보이는 행위임에는 틀림없다. 손자를 데리고 와서 하는 할아버지도 있고, 이제는 예전같이 연어가 많이 안 잡힌다고 투덜대지만 곧 적어도 여름 동안만은 너무나도 파랗고 환한 스코틀랜드의 하늘처럼 미소를 짓는다. 콧수염을 점잖게 기르고 콧수염 털이 하얗게 새어서 더욱 멋져 보이는 할아버지의 웃음은 여유로운 마음을 가지지 못한 자에게서는 결코 볼 수 없는 웃음이었다.

로얄마일에 있는 LP가게. 추억이 담긴 노래가 가득하다.

한 미술 갤러리에 걸려 있는
로얄마일을 그린 그림

로얄마일에서 하프를
연주하는 한 여인의 모습

공룡도시 인버네스에서 시내를 유유히 흐르는 네스강을 바라다보면 유럽 어느 도시가 이보다 더 평화로울 수 있을까 하는 생각을 갖게 된다. 비단 나 혼자만 갖는 감상적, 일시적 생각은 아닐 것이다. 자주 인버네스를 방문하였던 나는 언젠가는 일주일 이상 여기서 아무 생각 없이 강가를 노닐거나 몇 개의 작은 박물관을 다녀보고, 밤이 되면 펍에 들러 실컷 위스키도 마셔보고, 기분이 흥에 겨우면 나이트 클럽에도 방문해서 하이랜더들의 춤사위를 보고 싶다는 생각을 했다. 물론 젊은이들은 현대판 춤을 추고 있겠지만…….

네스호 전경

베스 2세가 여름철 방문하는 동안을 제외하고 이 말을 직접 타볼 수 있는 프로그램이 있다. 평소 승마를 좋아하는 나는 이곳을 방문하면 꼭 승마를 하곤 했는데 캐슬을 벗어나서 강을 건너고, 이 말을 타고 강을 건너는 기분은 묘한 게 상당히 흥분되는 뭔가가 있다. 들길을 신나게 달려 보기도 하고 산으로 올라가 숲속을 거닐다 다시 내려오는 코스는 나로 인해 약 200년 전 앨버트공과 빅토리아 여왕이 강을 건너 로얄 로크 나가 증류소를 방문할 때의 모습을 연상시키게 하곤 했다.

빅토리아 여왕과 앨버트공의 단란한 가족 초상화

로얄 로크나가 증류소

왕실을 상징하는 문장. 스코틀랜드를 상징하는 유니콘과 잉글랜드를 상징하는 사자의 모습.

로얄 로크나가 12년산

들은 대를 이어 가게를 운영하고 있고 왕가에 납품할 수 있는 권한을 자랑스럽게 생각하고 있다. 전통은 크고 거창한 것만을 이어가는 것이 아니고 작은 것 하나라도 선조로부터 물려 받은 것을 소중히 여기는 자세가 아닌가 하는 것을 이 마을을 지나칠 때면 나는 느끼곤 하였다. 이런 작은 것들에 대한 관심과 소중하게 여기는 정신은 위스키에도 적용되는 것이 아닐까! 단순히 술이라는 의미가 아닌 역사와 전통을 마신다는…….

발모랄 캐슬에서는 여왕의 말들을 기르는데 모두가 다 하얀 백마이다. 큰 말과 크기는 같으나 다리 길이가 짧은 말들로 교배를 했는지 다리 길이는 약간 짧다. 사실 산악을 다니는 데는 약간 짧은 다리가 유리하다. 여름 동안은 물론 지금의 엘리자

화이트&맥케이사에서 생산된 위스키

양을 측정하는 메저들

   좋은 위스키를 만들기 위해 기다릴 줄을 안다는 것, 최고를 위해 시간을 희생하지만 최고를 위해서는 얼마든 기다릴 수 있다는 여유가 있는 그들이 부럽기만 하다.

   애버딘에서 디사이드를 따라 여행하다 보면 발모랄 캐슬을 조금 못 미쳐 발라타라는 마을을 지나게 된다. 그런데 유심히 상가 건물들의 출입문 위쪽을 보면 영국 왕실을 상징하는 문장을 하나 둘, 혹은 많게는 세 개 정도 붙이고 있는 것을 볼 수 있다.

   가게들은 다들 조그맣다. 과일을 파는 가게, 식료품을 파는 가게 등 그렇게 큰 가게는 보이질 않지만 하나 같이 문장을 붙이고 있는 것이다. 이 가게들은 빅토리아 여왕이 발모랄 캐슬을 공식적인 왕가의 여름 휴양지로 결정하면서 왕가에 물건을 납품하는 가게들이다. 그래서 이 가게에서 파는 모든 물건들은 '왕가에서 보증합니다'라는 뜻도 포함되어 있는 것이다. 지금은 더 이상 빅토리아왕조 시대가 아니지만 그

숍에 진열된 에딘버러 진의 모습

로흐 로몬드 위스키들

진행했기 때문에 가능한 것이었다. 물론 여기엔 또 다른 이유가 있긴 하다. 18세기에 영국에서 수입하던 스페인산 셰리 주를 운반했던 참나무 통이 술을 다 소비한 후 여기저기 버려져 있어 처분함에 있어 골칫거리였다.

잉글랜드 정부로부터 위스키에 부과된 높은 세금을 피하기 위해 스코틀랜드인들은 밀주로 위스키를 생산했으며 빈 셰리주 참나무 통에 넣어 스코틀랜드 산 속의 동굴 등에 숨겨 놓았다.

세월이 지난 후에 마셔보니 독특한 맛을 낸다는 것을 발견하게 되었고 아이러니컬하게 숙성과정은 이렇게 시작되었다. 그 이후 숙성이 위스키생산 과정 중 하나로 일반화되었다. 유래야 어쨌든 스코틀랜드 위스키 생산자들이 합법적으로 위스키 증류소를 운영한 이후에도 숙성과정을 전통으로 만들고 오늘날까지 변함없이 그 과정을 지켜나가는 것은 높이 평가할 만한 것이다.

로얄마일의 위스키숍

에딘버러의 한 위스키숍 내부

게 제기되는 전통주 찾기 운동에도 의미하는 바가 크다. 나는 술을 구분할 때 3차원적으로 분류를 한다. 1차원적인 태생으로 나오는 술은 발효과정을 거친 술만을 이야기한다. 예를 들면 포도로 빚은 와인이라든지 또는 한국의 막걸리가 이에 해당한다. 2차원적인 술은 발효된 술에 증류과정을 거친 것이다. 러시아의 보드카, 이태리의 그랍파, 중국의 마오따이 그리고 한국의 소주가 이에 해당된다. 그렇다면 3차원적인 술은 무엇일까! 그것은 프랑스의 와인을 증류한 브랜디나 위스키처럼 참나무 통에 넣어 숙성과정을 거친 것을 의미한다. 브랜디나 위스키처럼 숙성을 거친 술은 국제적으로 아주 높은 평가를 받고 있다. 그러나 전통주를 개발해 생산하려는 새로운 사업자에게 오랜 세월을 숙성시키기 위해 숙성고에 저장만 해놓고 기다려야 한다면 수지타산 면에서 여러 가지 문제가 야기될 것으로 보인다. 그래서 면면히 이어져오는 전통은 중요한 것이다. 이 작업은 스코틀랜드의 선조들이 인내심을 갖고

1919년에 증류된 한 병에 1억 원인 스프링뱅크의 위스키

지금은 대법원으로 바뀐 구국회의사당 앞에서 대법관의 모습

킬트 테일러 숍

인구는 몇 만도 안 되지만 스코틀랜드 북단에서 가장 유명한 도시, 여름철이면 많은 관광객들이 방문하는 이곳은 사실 공룡네스가 불러다 준 행운으로 먹고 사는 사람들이 오늘날에는 대부분이다. 여행자를 위한 숙박시설 또는 특산품가게, 펍, 레스토랑 등을 운영하며 살고 있는 것이다.

에딘버러 공룡네스 탐험관 내부

데콘브로디 펍

지킬하이드의 무대가 된 데콘브로디의 처형 장소

에딘버러 노천 펍의 모습

시가, 위스키숍

셜록 홈즈를 쓴 작가 코난 도일 바

스코틀랜드인들이 즐겨 입는
세 가지 패턴의 타탄무늬

1631년 타탄무늬 옷을 입고 있는
초창기의 스코틀랜드 군인들

타탄무늬의 방직공장 모습

스카치 위스키는 어떻게 제조될까? 103

타탄무늬의 방직공장 모습

에든버러 로열마일에 있는 위스키숍의 벽면 1

킬트를 차려 입은 하이랜더 백파이퍼

백파이프 부는 법을 관광객에게 가르치고 있는 주인장

백파이프가 전시되어 있다.

뭐든 바쁠 것도 없고 컴퓨터라든지 인터넷이 없으면 살아갈 수 없는 현대인들이 보기엔 시간이 멈춘 도시 같지만 아직도 어딘가에 있을지 모르는 공룡 네스를 보기 위해 오늘도 사람들은 그곳을 찾는다. 그 손님들을 위해 아주 작은 시내 한복판에 서는 킬트를 입고 백파이프를 부는 고적대의 행진도 있다.

스코틀랜드에서 이 타탄무늬의 킬트를 입은 하이랜더들은 늘 인기다.

백파이프 상점과 주인장

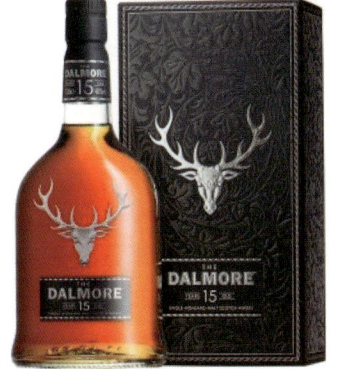

에딘버러 로얄마일에 있는 위스키숍의 벽면 2

관광객들은 사진을 찍기 위해 하이랜더들을 붙잡고 같이 포즈를 취해 줄 것을 희망한다. 행여 짓궂은 아가씨들은 킬트를 들어올려 보기도 하는데 이는 원래 하이랜더들이 킬트 안에 언더웨어를 입지 않기 때문에 확인해 보려는 심술인 것이다. TV 광고에서 본 적이 있는데 호밀 죽에 관한 광고였던 것으로 기억한다. 건장한 가게 종업원이 겨울인데도 런닝 셔츠에 킬트만 입고 있다. 왠지 예쁘지만 연약해 보이는 여고생쯤 될까? 가게에 와서 호밀 죽을 산다. 그러면서 종업원이 바로 앞 선반에 있는

관광상품 숍

하이랜드 정상에서 백파이퍼

호밀 죽을 주려고 하니 고개를 흔들면서 높은 선반에 있는 것을 달라고 한다. 종업원은 무슨 이유인지 알 것 같다는 미묘한 미소를 지으며 사다리를 놓고 높은 곳에 올려놓은 제품을 가져다 준다. 사다리에 올라 있는 사이 그 여자는 킬트 속을 숨이 멈출 듯한 표정으로 쳐다본다. 물건을 받은 여자는 기쁜 마음으로 가게를 나서는 내용이다. 적어도 킬트를 입을 때 속옷을 입지 않는다는 사실을 아는 이라면 이 광고를 보고 웃음이 나오지 않을 수 없을 것이다. 반대로 남자가 여자종업원에게 이런 요구를 했다면 이상한 변태짓이라고 하겠지만 여고생 같은 이가 설레는 마음으로 하는 장난에는 그냥 애교로 봐줄 수 있는 어떤 그런 면이 있다. 남자들에게는 좀 손해 보는 느낌이 들겠지만 말이다. 여하튼 네스호 등지를 차로 달리다 보면 거리에 킬트를 입고 서서 같이 사진을 찍고 동전을 받는 이들도 있는데 킬트는 이제 스코틀랜드의 가장 큰 문화상품 중 하나가 되었다.

　나 또한 초록색 무늬의 맥라렌 가문타탄이 무늬되어 있는 킬트를 선물로 받은 적이 있는데 자세히 보니 킬트는 뒤쪽을 계속 주름 잡아 움직일 때마다 약간씩 팔랑거렸는데 무게가 꽤 나갔다. 치마 같이 생겨서 이걸 겨울에 입을 수 있을까 했는데

옛날 스코틀랜드 경찰의 모습

킬트숍의 내부

스카치 위스키는 어떻게 제조될까? 113

나는 이걸 입고 한겨울에 스코틀랜드의 산을 오른 적이 있다. 생각보다 굉장히 따뜻했다. 마치 하이랜더 전사가 된 우쭐한 기분이 들었는데, 민속의상을 입으면 그 나라에 더욱 더 친밀감을 갖게 되는 것 같다. 그러나 이 타탄 무늬의 킬트는 1800년대 초 어느 기업가가 가난한 노동자를 위해 갑자기 만들어낸 것이라고 한다. 잉글랜드 정부가 자기들과는 이질적인 문화를 갖는 데 반대해 킬트 착용을 금지한 후 급격히 스

웰링턴 장군 동상앞의 백파이퍼

백파이퍼와 관광객들

킬트를 입을 때 쓰는 장식품들

코틀랜드 사람들에게 유행했고 이것이 스코틀랜드의 민속의상이 된다. 민족주의가 불러일으킨 결과였다. 그러나 이 진실을 아는 이들은 많지 않을 것이다. 문화의 어떤 면은 차라리 적당히 전설적이고 신화적인 게 어울리지 않을까!

공룡 네스는 언제부터 이 네스호에 출연했을까? 기록에 의하면 AD 4세기경 스코틀랜드에 구교를 전파하기 위해 온 세인트 콜롬바 또한 공룡을 보았다고 한다. 실로 네스호의 네스는 미스터리일 수밖에 없다. 그렇다면 약 1600년 동안 네스는 존재해 온 셈인데 어떻게 그게 가능했을까? 계속해서 번식을 했을까? 공룡시대에 살아 남은 파충류로 살아 있는 화석이라 불리우는 악어를 보면 공룡이 멸종했다고 단정하기는 어렵다. 가끔씩 세계 곳곳에서 공룡을 보았다고 주장하는 사람들이 있지만, 그 거대한 몸집을 가진 공룡이 빙하기를 무사히 살아남아 아직 존재할 거라는 이론

또한 믿기 힘들다.

  한 가지 재미있는 사실은 내가 네스호 곁에 자리잡은 네스 기념관을 방문했을 때 영사기를 통해 나오는 자료에는 셀 수 없이 많은 사람들이 네스를 보았다고 주장하는데 그들 대부분이 스카치 위스키를 마신 후였다는 것이다. 한 잔의 위스키를 마시고 비가 오며 바람이 부는 스산한 어느 저녁에 네스호를 바라본다면 마치 떠가는 통나무마저도 공룡으로 보이진 않을까?

인네버스 성

영국의 주된 이야깃거리인 날씨

영국을 생각하면 늘 안개 낀 날씨에 보슬비 그리고 우산을 든 신사를 생각한다. 물론 영국은 비가 많이 오는 나라지만 봄이 오면서부터는 따뜻한 날씨가 지속된다.

영국에 내리는 많은 비는 개인 후 늘 청량한 공기를 보존하고 또한 호수에 저장되어 식용수로도 사용되어진다. 땅속에 있는 이탄들로 인해 호수 속은 검게 보이지만 스코틀랜드의 공해 없는 자연은 이 맑은 물을 그대로 원료로 하여 위스키를 만들어 낸다. 스코틀랜드 어느 증류소를 가든지 위스키를 생산하는 모든 공정을 개방하는

로얄마일의 모습. 에딘버러 성에서 홀리루드 궁전까지 왕들이 다녔던 길이다.

트론 커크 처치의 모습. 늘 이끼가 끼어 검은색이다.

로얄마일의 노천 식당

노천 식당에서 필자의 모습

124　**스카치 위스키**: 그 전설의 고향을 찾아서

골목에서 내려다본 신시가지의 모습

웰링턴 장군의 동상

Sir 월터 스콧 기념비

로얄 뱅크 오브 스코틀랜드

원형계단

참전용사의 집

여름 동안 잉글랜드 지역은 햇볕이 따갑고 가만히 있어도 땀이 날 정도이다. 밤 10시가 되어서도 환한 햇빛으로 인해 여행을 즐기기엔 최고의 계절이다. 그러나 가을이 오면 우기가 시작되고 밤이 길어지면서 왠지 모를 우수가 도시에 가득해진다. 오래된 건물들 사이로 그 우수는 역사를 통해 가지고 있는 항쟁, 산업혁명의 그을린 연기와 노동자들, 전쟁, 음모, 그리고 살인 같은 것들을 연상하게 한다. 이것이 영국이 가지고 있는 날씨의 두 얼굴인 것이다.

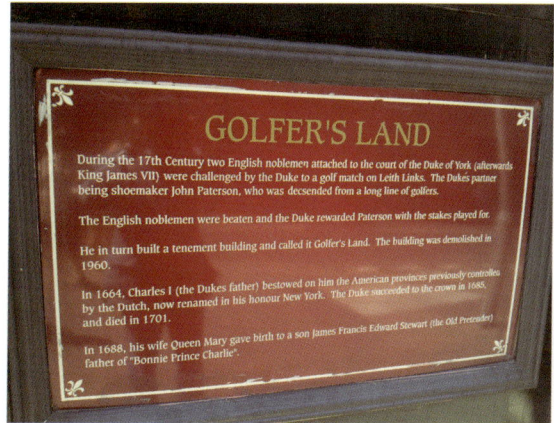
골퍼의 땅. 스코틀랜드는 골프의 발생지이다.

스코틀랜드 국화 엉겅퀴

태양이 인간에게 가져다 주는 것은 무엇일까? 나는 가끔 여름에 강렬히 내리 쬐는 햇볕을 보며 또는 햇볕이 구름에 가려져 온 세상이 잔뜩 찌뿌린 얼굴을 하고 있을 때 태양을 생각한다. 과연 태양은 우리에게 어떤 존재인가 하고……. 아리스토텔레스가 말한 신이 주신 선물이라는 와인을 마시기 위해서 우리는 여름 내내 작렬하는 태양빛에 감사한다. 태양빛이 없다면 빨갛게 익은 포도도 생각할 수가 없는 것이다. 무릇 온갖 과일들이 이 태양에 의존하지 않는 것이 없다.

비 갠 후 한 저택

비 갠 후 도로의 모습

스코틀랜드 초원의 모습

에딘버러 시가지

에딘버러 구시가지. 멀리 에딘버러성이 보인다.

에딘버러 신시가지의 대형 쇼핑몰. 그리스 건축양식을 본떴다. 이오니아 도리스 코린트 양식.

영국의 상징 2층버스

로얄마일의 철학자 데이비드 흄 동상과 고등법원 건물

에딘버러 성

에딘버러 성의 전망대 모습

에딘버러 성 옆의 전망대 입구

영국의 주된 이야깃거리인 날씨 141

에딘버러 성문 앞. 스코틀랜드의 두 독립영웅, 왼쪽에 킹 로버트 브루스와 오른쪽에 윌리암 월라스.

에딘버러 성문. "신이시여, 우리 왕을 보호하소서"라고 라틴어로 적혀 있다.

쌀과 밀과 같은 곡식도 마찬가지이다. 그래서 고대 이집트인들은 태양을 신으로 섬겼는지도 모른다. 태양을 통해서 모든 것을 얻을 수 있다고 생각했기 때문일 것이다.

스코틀랜드의 보리가 익을 무렵은 여름이었던 것으로 기억한다. 에딘버러에서 세인트 앤드류스까지 바닷가를 따라난 도로를 달리다 보면 보리의 황금물결을 유감없이 볼 수 있다.

오르막 내리막 하는 도로를 달리다 보면 때에 따라선 내가 황금물결 속으로 들어가고 있는 착각마저 들 때가 있었다. 유럽의 많은 나라들이 밀을 재배하는 동안 스코틀랜드 농가에서는 보리를 재배한다. 위스키 생산회사들은 위스키의 기본원료 중 하나인 좋은 보리를 확보하기 위해 최상급의 보리를 재배하는 농가를 찾아내려고 전력을 쏟는다.

스코틀랜드의 보리밭 황금물결

소코틀랜드의 보리밭

그런 농가와 장기적인 계약을 통해 균일한 품질의 보리를 제공 받는다. 보리가 익을 무렵인 스코틀랜드의 여름은 따스한 햇살이 가득한 계절이다. 그 햇살 속에서 좋은 보리가 익고 생산되는 것이다. 현재 가장 좋은 품종의 보리인 골든 프로미스는 하이랜드와 로우랜드의 경계지역에서 나는 최고의 위스키 중 하나인 글렌고얀과 하이랜드 위스키의 대표 주자인 맥캘란을 제조하는 데 쓰인다.

　영국을 대표하는 색깔은 브리티시 그린이라고 하는 색이다. 토니블레어 수상은 영국의 대표적인 고급 승용차 중 하나인 재규어를 공식 의전용 차로 이용하는데 색깔은 브리티시 그린이다. 초록색이면서 약간은 짙은 듯한 그런 색이다. 나는 스코틀랜

아름다운 스코틀랜드의 자연 1

아름다운 스코틀랜드의 자연 2

드에 살면서 초록의 신비를 충분히 경험한 바 있는데, 빛이 비치는 양에 따라 또는 각도에 따라 너무나도 다른 색깔로 표현되는 게 이 초록색이었다. 전 세계에서 국토 면적 대비 녹색지대가 가장 많은 곳이 영국이다. 그래서 어딜 가나 잔디가 깔린 공원을 쉽게 발견할 수가 있다. 특히 스코틀랜드의 산하를 여행할 때면 인간의 손이 닿지 않은 자연 그대로의 모습과 날씨에 따라, 계절에 따라 변하는 초록의 의미를 자주 생각할 기회를 갖는 것이다. 빛이 강할 때는 연두색에서 더욱 강렬할 때는 황금색으로 보이기도 한다. 구름이라도 끼어 어두울 때는 짙은 초록으로 그리고 보슬비라도 내리는 아주 어두울 때는 칙칙한 검은색이 되기도 한다. 그곳에 살면서 흔히들 관광객들이 바라는 좋은 날씨에 금빛 또는 연두색의 밝은 초록색뿐만이 아닌 강

로흐 로몬드 호숫가의 골프코스

한 바람과 흩뿌리는 비 사이에서도 어두운 초록은 그 자체로 스코틀랜드의 아름다움으로 다가왔다. 인간의 손으로 가공하지 않은 자연, 스코틀랜드가 아니면 볼 수 없는 기후, 때때로 관광객들이 말하는 매력 없음은 나에게는 크나큰 매력이었다. 그래서 나는 잔디에 묻은 빗방울 하나도, 방수복을 입고 산골짜기에 만들어 놓은 골프장에서 골프를 치다 비가 갠 후 피어오르는 안개를 보면서도 비가 가져다 주는 고요함과 안정감, 사색할 수 있는 시간의 마련에 대해 늘 감사했다.

사실 이 비들이야말로 풍부한 식수 및 위스키를 만들 수 있는 최고의 원료를 스코틀랜드인들에게 선사하고 있지 않은가! 하이랜드의 산과 산 사이에 조용히 흐르는 강을 보면서, 바람에 따라 이리저리 눕는 풀 한 포기를 뜯어 바람에 날려 보내면

로흐로몬드 카메론 하우스

서, 광활한 자연과 작은 인간 사이의 서로를 지배하지 않으면서, 자유롭게 공존하는 법을 나는 배웠다. 조화롭게 사는 것은 서로를 지배하지 않는 것이다.

그럴 때면 우리의 산하에 대해서도 나는 생각해 본다. 진정 우리의 산하에도 초록이 있을진대 그 초록들은 개발에 의해 각종 시멘트 건물에 가리우고 빼곡히 들어선 유흥업소라는 자연과 어울리지 않는 구도와 배치로 심미적 분노를 느끼게 한다. 욕심을 절제해 모두가 살 수 있는 조화로운 세상을 만드는 것, 그에 대한 해결책은 스코틀랜드가 갖고 있는 듯했다.

스코틀랜드의 새로운 국회건물 1707년 합병 이후 약 300년 만에 의회가 독립했다.

홀리로드 궁전 앞의 거대한 언덕. 오른쪽의 스코틀랜드 밀레니움돔이 보인다.

스카치 싱글 몰트 위스키의 종류

싱글 몰트 위스키의 주산지인 애버딘 지역의 스페이 사이드는 스코틀랜드의 위스키 거의 절반 이상을 생산해 내고 있다. 스코틀랜드 싱글 몰트 위스키의 대표적인 위스키들이 이 지역에서 나오고 있는 것이다.

스코틀랜드의 북동부에 자리잡고 있는 이 지역은 스페이 강을 따라 많은 위스키 증류소가 자리잡고 있다. 가장 유명한 리벳 계곡과 강을 중심으로 글렌리벳이 생산된다. 계곡에 깊숙이 자리잡고 강물은 스페이 강으로 흘러나가게 된다. 솟아나는 계

인버레이타운의 모습

곡물은 지하를 흘러서 수 마일을 가기도 한다. 풍부한 수량을 갖고 있고 산으로 둘러싸인 위치는 위스키 생산자들이 원하는 기후를 충족시켜 주고 있다. 시원한 물로 인해 증류 후 냉각하는 작업도 수월하게 하고 있다. 이 모든 게 다 글렌리벳의 지리적 위치의 장점 때문이라고 할 수 있다. 이 지역은 밀주를 만들던 곳으로 유명한데 로우랜드의 큰 도시에 가까운 지역에서 위스키 산업이 합법적으로 인정되는 반면 하이랜드의 글렌 즉 계곡에서의 업자들은 정부의 세제 정책에 반대해 계속 생산했

캠벨타운 이정표

캠벨타운으로 가는 도중 벌판

멀리 다른 섬이 보이는 해변가의 녹지대. 아마도 멀리 보이는 곳은 주라섬이 아닐까!

다. 한때는 최소한 200여 개의 증류기가 이 리벳 계곡에 설치되어 있었다고 한다.

글랜리벳은 1824년 죠지 스미스에 의해 합법화되었고 그 지역의 유일한 합법적 증류소가 되었다. 리벳이라는 이름을 사용할수 있는 유일한 위스키이며 전 세계에 너무 잘 알려진 위스키가 되었다. 현재는 아메리카 시장에서 대중적인 인기를 얻고 있다. 위스키 전문가 마이클 잭슨은 이 지역에서 나는 위스키를 부드럽고 깨끗하며, 꽃과 같이 풍성하고 미묘하며 우아하다고 그의 책 '몰트 위스키 컴퍼니언'에서 극찬하고 있다. 내가 두 번째로 글렌리벳 증류소를 방문했던 때는 어느 가을날이었다. 활엽수가 있던 길가에는 이미 노란색, 빨간색 등 가문비 나무를 비롯한 많은 나무들이 옷을 갈아입고 있었다. 길가에는 토끼들이며 꿩들이 많이 앉아 있었는데 이 지역에 야생동물이 얼마나 많은지를 차를 타고 다니면서도 알 수 있을 것 같았다. 이 지역을 다니면 가끔씩 레드 디어라고 불리는 붉은 사슴을 볼 수도 있다.

한두 마리를 볼 때도 있지만 수십 마리가 무리 지어 다니면서 이동하는 장면은 가히 감동적인 장면이었다. 이런 사슴 무리를 만나면 차에서 내려 한동안 바라 보

다양한 싱글 몰트 위스키

글렌리벳 위스키 12년산

고 있거나 사진을 찍기도 하면서 우와! 소리를 지르기도 하고 가끔씩은 쫓아가 보기도 했다. 언젠가 사슴을 기르는 자연공원을 들른 적이 있다. 큰 뿔을 달고 있는 사슴들을 보며 지극히 한국적인 사고 방식으로 봄이 되면 저 뿔은 잘라서 녹용으로 쓰지 않느냐고 물었더니 일부 국가에서 그렇게 한다는 것을 자기들도 잘 알지만 뿔도 신체의 일부분이라 자를 시 사슴이 상당한 고통을 느끼기 때문에 절대 그런 일은 없단다! 증류소 입구에는 털이 긴 하이랜드 소를 기르는 목장이 있었고 안내원들의 안내를 따라 증류소를 둘러 보게 되었는데, 규모는 다른 증류소에 비해 큰 편이었던 것으로 기억한다. 스틸의 모습이 인상적이었는데 길이가 길고 아래는 그리 넓지 않은 모습을 하고 있었다. 가이드 투어를 끝내고 시음할 때 준 12년산과 18년산은 투어에 같이 참가한 관광객들이 서로 18년산을 마시기 위해 분주해서 이내 바닥이 나고 안내자가 다시 18년산을 가져와야 하는 일도 있었다. 18년산의 과일 향이 좋았던 것으로 기억한다. 오래 전의 일이지만! 물론 12년산도 훌륭하다. 하루키의 책에서 이야기하듯이 세월이 감에 따라 좋아지는 것도 있지만 그로 인해 잃게 되는 것도 있다. 젊은 위스키가 그 원료 맛에 충실하다면 오래된 위스키는 세월과 그 지역의 공기 그리고 참나무 통의 향을 몸 안에 지니게 되는 것이다. 젊은 위스키는 젊은 대로 오래된 위스키는 오래된 대로의 개성이 있는 것이다.

세상에서 가장 비싼 위스키 달모어 64년산 2억 4천만 원

스카치 싱글 몰트 위스키의 종류 157

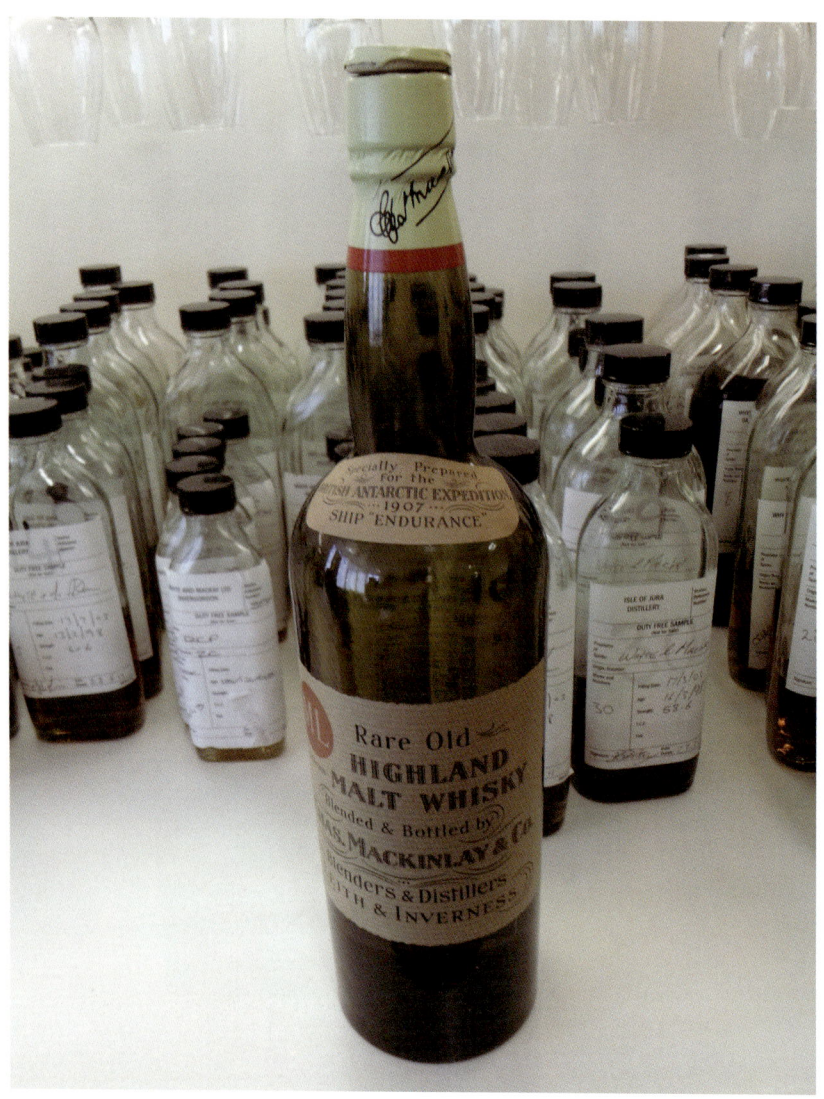

1907년에 증류된 100년 된 위스키

100년 된 위스키와 45년산 달모어 오로라를 시음하는 필자

개인적으로 즐기는 위스키는 이탄을 때지 않아 부드러운 글렌고얀이지만 자주 마시는 다른 위스키는 맥캘란이다. 맥캘란 증류소 역시 스페이 사이드에 위치하고 있다. 1700년대부터 이 지역 농부들에 의해서 보리로 위스키를 생산했다고 하나 합법적으로는 1824년 스코틀랜드에서 두 번째로 허가를 낸 증류소이다. 맥캘란 하면 꼬리표처럼 따라다니는 수식어 몇몇을 생각해 볼 수 있다. 세계에서 가장 비싼 위스키! 위스키의 롤스 로이스 등이 바로 그것이다. 스페이 사이드에서 나오는 위스키 중 가장 유명하고 무게감 있는 위스키일 것이다.

맥캘란 18년산

하이랜드 몰트 위스키 지도

스카치 싱글 몰트 위스키의 종류 161

1842년 설립된 에딘버러 로얄마일의 카덴헤드 위스키숍

스코틀랜드 최고의 마스터 블랜더 리차드 페터슨

마스터 블랜더와 담소를 나누는 필자

 맥캘란이라는 이름은 지금은 폐허가 된 이스터 엘치스 소유의 땅에 서 있던 맥캘란 교회에서 유래됐다고 한다. 스페이강 위에 세워진 텔포드 다리를 내려다 볼 수 있는 언덕 위에 세워져 있었다고 한다.

 맥캘란의 품질을 결정짓는 중요한 두 가지 점은 보리와 숙성을 시키는 참나무 통에 있다. 앞에서도 이야기했지만 골든 프로미스의 의미는 상당히 크다고 할 수 있다. 사람들이 와인이나 와인을 증류한 브랜디와는 달리 위스키에서 재료의 의미를 자주 간과하고 있는 듯하다. 2차 세계대전이 종식될 때까지만 해도 스코틀랜드 사람들은 최고 95%의 보리를 골든 프로미스 종으로 생산하고 있었다. 대전이 끝나고 농부들은 수확량이 많은 보리품종을 경작했고 당분이 많이 함유돼 발효시키기 용이한 품종을 찾았다. 그러나 곧 이것이 불필요한 일이란 걸 알게 되었다. 다양한 과일 향과 풍부한 맛을 지닌 골든 프로미스를 따를 보리 품종이 없다는 사실을 깨달았기 때문이다. 맥캘란은 골든 프로미스를 고집했고 나는 이 원료가 맥캘란에 미치는 영향은 실로 크다고 본다.

영국에서는 스페인의 헤레스(Jerez) 지방에서 셰리주를 수입했다. 셰리라는 이름도 이 헤레스가 변형된 것이다. 헤레스 지방에서는 와인의 운반 도중 변질을 우려해 강화와인을 만들어서 영국에 수출했는데, 그때 셰리를 담았던 통이 나중에는 위스키를 담는 데 쓰였다. 이 참나무 통은 쿼커스 로바라는 품종으로 탄닌 성분이 풍부하고 숙성 시 충분한 칼라를 위스키에 공급해주고 나무진의 향과 계피향 등 풍부한 향과 맛을 전해준다. 포도 주스가 술로 발효되는 동안의 3개월과 2년 간의 셰리주 숙성기간을 거친 참나무 통을 쓴다.

맥캘란이 타 위스키와 다른 특징은 이런 셰리주 통만을 쓴다는 데 있다. 보리로부터 얻는 향은 약 30% 가량이며, 참나무 통 자체로부터 얻는 향이 약 60% 그리고 셰리주로부터 얻는 향이 약 10%라고 한다.

마스터 디스틸러 데이비드 로벗손과 위스키 메이커 봅 달가르노는 30년산을 만들 때 약 600여 개의 참나무 통에 저장되어 있는 위스키를 시음하고 골라서 최고의 위스키를 만든다고 한다.

참나무 통과 마개를 막는 나무망치

가운데 보이는 금속기구로 위스키를 빼내어 시음한다.

언젠가 스카이섬을 여행하고 있을 때 숙소에서 다른 지방에서 여행 온 나와 같은 이방인들을 만난 적이 있다. 바에서 위스키를 마시는 나와 우연히 눈이 마주치자 "안녕하세요" 하고 영국인답게 아주 자연스럽게 인사를 건넸다.

이 중년의 아주머니와 나는 창 밖의 아름다운 풍경 이야기 등을 주고받다가 무슨 일을 하는지에 대한 이야기, 즉 생업에 관한 이야기를 나누게 되었다. 당시 위스키 비즈니스를 생각하고 연구하던 나는 위스키를 연구한다고 대답했다. "오우! 흥미로운

스카이 퀼랑

데요." 하며 "어떤 위스키가 가장 좋은 것 같아요?" 하고 질문하는 데 대해 나는 "글쎄요! 많은 싱글 몰트 위스키를 좋아하지만 그 중에서도 맥캘란을 특별히 사랑해요." 하고 말했다. 그녀의 눈빛에서는 "음, 이 사람은 위스키를 좀 아는군!" 하는 의미의 미소가 떠올랐다. 호텔이나 비엔비 등에 머물며 거기서 다른 여행객이나 투숙객들과 이야기하다가 나는 종종 "어떤 위스키를 좋아하느냐?"는 질문을 받곤 한다. 그러다 맥캘란 이야기가 나오면 대체적으로 좋은 위스키라는 암묵적 동의를 얻어내곤

스카이섬의 등대

하는 것이었다.

　인버네스에서도 더 북쪽으로 올라 테인이라는 마을에 닿으면 글렌 모란지라는 증류소를 만나게 된다. 마을은 해변을 가까이 두고 사암으로 만들어진 건물들로 꾸며져 굉장히 예쁘장한 모습을 띄고 있다. 증류소에서 사용되는 물은 샌드스톤 언덕에서 나와서 헤더와 클로버 사이를 흐르며 증류소에서 0.5마일 떨어진 연못에 저장된다. 글렌 모란지는 스코틀랜드에서 압도적으로 인기 있는 위스키인데 프로모션에도 상당히 신경을 쓰는 듯했다. 어느 저녁에 글라스고에서 펍에 들러 축구 경기를 보면서 글쎄 어느 축구팀이었는지 기억이 잘 나지 않지만, 아마도 글라스고의 양대산맥

싱글 몰트가 진열되어 있는 위스키숍 맥캘란과 글렌고얀이 보인다.

인 레인저스 팀이거나 셀틱 팀이 프리미어 리그의 다른 팀들과 경기를 하는 것 같았다. 프로젝터로 비추는 큰 화면에 모인 이들은 자기가 좋아하는 팀을 열심히 응원하고 있었다. 영국에서 사람들은 축구란 또 하나의 종교라고 말한다.

영국의 국기이기도 한 축구는 많은 사람들의 압도적 지원 속에서 프로경기와 국가 대항전 등 연중 쉴새없이 경기를 한다. 경기장에 못 가는 이들은 이렇게 펍에 모여서 응원전이라도 벌여야 한다. 가끔씩 큰소리로 자기가 지원하는 팀의 선수를 응원하며 상대팀 선수를 조롱하기도 한다. 열렬한 팬들은 다른 나라에서 열리는 프로팀 대항전이라든지 국가 대표팀 경기 응원을 위해서 비싼 비행기표와 경기장 입장료

남미 축구 펍. 축구경기 중계방송이 늘 상영되고 있다.

를 지불하는 것을 아까워하지 않는다. 다녀와서는 경기가 어땠다는 둥 그야말로 축구에 미치지 않고는 이럴 수가 없다. 사람들은 축구선수들의 출신배경, 최근 뉴스, 외국선수들의 경우 국적 등 모르는 게 없다.

위스키를 주문하러 갔다가 글렌모란지를 프로모션하는 것을 보게 되었다. 한 잔당 약 1파운드를 깎아 주는 것이 아닌가! 싱글 몰트 매니아인 나는 당연히 글렌모란지를 주문할 수밖에 없었다. 부드럽게 넘어가고 과일 향이 풍부한, 어떤 색다른 느낌이 있는 위스키! 스코틀랜드인들이 가장 흔하게 하지만 즐겨 마시는 위스키! 그것이 바로 글렌모란지가 갖고 있는 매력이다.

글렌모란지는 개인 가문 소유의 증류소이다. 얼마 전 언론에서 글렌모란지 증류소를 판매하려고 내어놓았다는 이야기를 들었다. 그 가격이 무려 3억 파운드, 한화

로흐 로몬드로 가는 도중 오킨토산 위스키 증류소에 들르기 위해 내린 보울링역의 펍

에딘버러의 위스키숍

영화 브레이브하트의 윌리엄 윌라스역의 길거리 퍼포먼스

로 환산하면 약 6000천억 원에 해당한다. 그간의 역사와 싱글 몰트 위스키 중에서 글렌모란지의 위상을 단순히 금전적 가치로만 이야기를 나누는 건 어쩐지 속물스럽게 느껴질지 몰라도 반대로 이렇게 측정된 금전적 가치만 보더라도 글렌모란지의 상징적 의미를 알 수 있는 것이다.

글렌모렌지는 다양한 향과 맛이 일품이다. 그 이유는 다양한 참나무 통을 이용해 숙성을 시키는 데 있다. 셰리주 통은 물론이려니와 피노주 통, 마데이라 통, 프랑스 와인을 담았던 통, 그리고 최근에는 미국산 새참나무 통에 담는 것도 시도하고 있다. 미주리주의 오작산에서 나오는 자연건조한 참나무를 쓰고 있다. 특별히 테네시주의 잭다니엘에 담겼던 통을 이용하기도 한다.

글렌 모란지 10년산

글렌모란지 증류소

스카치 싱글 몰트 위스키의 종류 173

지리적 위치가 갖고 있는 영향 때문에 특별히 사암으로 인해 글렌모란지는 전체적으로 안정되고 나무의 꽃들의 향기를 갖게 되는데 최종적으로 프랑스 향수회사에서 밝혀낸 향의 종류는 무려 26가지나 된다고 위스키 전문가 마이클 잭슨은 말한다.

스코틀랜드인들에게 글렌의 의미는 무엇일까? 나는 조용히 눈을 감고 산 위에 걸린 구름과 흩날리는 가느다란 비와 안개를 떠올리며 산 사이로 흐르는 물을 생각한다. 글렌은 하이랜더에게 삶의 터전이다. 거기서 그들은 양을 기르며 양질의 모직물을 생산하고, 사슴을 사냥하며, 위스키를 만들어 마셨다. 그들은 도시인들과는 다르다. 부족의 형태로 살면서 부족장의 지배를 받고 자치적으로 모든 결정을 했다. 부족장은 때때로 스코틀랜드 왕가로부터 작위를 받아 귀족이 되기도 했다. 영화 브레이브 하트에 나오는 한 장면처럼 연인들의 사랑의 장소이기도 하고 부족 간 전쟁을 하는 전쟁 장소이기도 하다.

글렌코 계곡(I)

람들에 대해 드러내 놓지 않고 마음속에 품고 있는 반감을 이해할 수 있는 한 계기가 되기도 했다. 글렌코를 보고 나는 이런 느낌을 가졌다. 유럽에도 계림이 있다고! 중국의 계림을 보면 우리나라의 마이산처럼 마치 말의 귀가 쫑긋한 것과 같이 산의 모습이 그렇게 생겼다.

강을 따라 좌우로 그런 형태의 산이 있고 도시에도 그런 형태의 산이 있는 것을 TV에서 본 적이 있다. 베트남에도 그런 곳이 있는 걸 자료화면을 통해서 본 적은 있지만……, 글렌코는 이런 동양적인 이미지를 가지고 있다. 글렌코 주변에 큰 강은 없지만 작은 강과 큰 호수, 작은 호수들 그리고 비라도 내리면 깎아지른 듯한 절벽에서 곧게 마구 떨어지는 폭포수들. 그래서 글렌코를 지날 때면 난 오히려 약간의 비가 내리길 기원하곤 했다. 민가가 거의 없고 가끔씩 양떼들을 관리하고 지키는 축사가 있어서 마치 동양화에 나오는 많은 산들 중에 꼭 한 채씩 있는 집과 같은 그런 분위기였다. 유럽에서 동양적인 분위기를 찾았다고나 할까! 고즈넉하고 한없이 펼쳐지는 광활한 벌판에 헤더 같은 관목류만 가득한 그 대지! 특별히 겨울철엔 산과 들판 이외의 아무것도 없는 듯한 벌판에 하얀 눈이 가득 내려 않은 설국이 되면 글렌코 마을에서 찻집에 앉아 홍차라도 한 잔 할 때의 그 분위기란!

적어도 글렌코에서 차를 마실라치면 창가로 그 흔한 계림의 산과 같은 뾰족한 산을 하나 앞에 두고 마시는 게 좋을 것 같다. 뭐랄까! 완만한 산이 아니다 보니 산 하나를 가득 눈에다 담고 그것도 아주 가까이에 담고 볼 수 있다는 즐거움이랄까! 그것도 눈으로 가득 덮인 겨울이면 온통 하얀 세상에 하얀색이 주는 포만감을 느끼며 차를 마시는 기분은 더욱 특이하다. 그리고 그 자연이 가지고 있는 영혼과의 대화를 즐길 수 있다는 것, 비록 말로 표현되는 것이 아니고 굳이 언어로 표현되어야 할 필요를 느끼지도 않지만!

글렌코에는 메인 도로를 벗어나면 글렌코 빌리지가 있는데 이 마을은 소위 B&B(Bed & Breakfast: 아침이 제공되는 여관)를 하는 가정이 많은데 영국인들 특유의 정원 가꾸기로 인해 봄철 아름다운 꽃들을 많이 감상할 수 있다.

THE MALT SHOVEL. 몰트를 섞는 데 쓰는 삽을 가게 이름으로 붙인 바

에딘버러의 와인바

이런 곳에 묵은 후 아침식사 전 동네 한 바퀴를 돌고 꽃구경을 한 후 식사를 하는 것은 어떨까!

영국인들의 정원 가꾸기는 유럽인들 중에서도 특별하다고 느껴질 정도로 거의 국민 대다수의 사랑을 받고 있다. 고정적으로 이 정원 가꾸기에 관한 TV프로그램이 있

영국식 아침식사

은행을 개조한 호텔

스코틀랜드의 국화 엉겅퀴

글렌고얀 싱글 몰트 위스키

고 아파트먼트에 살지 않고 개인 주택에 사는 인구가 많은 나라이기 때문에 정원이 없는 경우는 거의 없다. 비록 작은 집에 사는 경우에도 정원은 있기 때문에 각종 꽃들이나 나무를 재배하고 있다. 덕분에 영국은 세계에서 가장 녹색지대가 많은 나라다.

특별히 기억에 남는 것은 애버딘 디사이드의 한 성을 방문했을 때 성 앞 가든에 멋지게 나무를 깎아 만든 토피어리이다. 스코틀랜드의 국화인 엉겅퀴를 사람보다 더 크게 개량해서 갖가지 색으로 피게 해놓은 정원은 꽤나 지금도 인상적이다.

우리나라의 공원 같은 곳에서 흔히 '들어가지 마시오'로 오직 눈으로만 감상하게 되어 있는 감상용 잔디가 아닌 그 위에서 가벼운 스포츠도, 어느 날씨 좋은 여름날 낮잠도 마음 놓고 잘 수 있는 잔디가 인상적이다. 이렇듯 글렌코 마을에서 머무르면서 갖는 여유와 자연에 대한 이해 또한 역사적 사건들이 갖고 있는 우수를 마음껏 느끼며 이 글렌이라는 의미가 스코틀랜드인들에게 주는 의미를 조금이나마 이해했다면 그것이 큰 수확이라고 아니할 수 없을 것이다.

하이랜드와 로우랜드의 중간쯤에 위치한 곳에 글렌고얀이라는 증류소가 있다. 그렌고얀은 글라스고에서 동북쪽으로 차를 약 30분 가량 몰고 가서 베어스덴 마을을 지나고, 멀가위 그리고 스트라스블레인이라는 곳으로부터 약 3마일 떨어진 곳의 도로 오른쪽에 위치한, 내가 아는 한 가장 근사한 주변환경을 가진 곳에 자리잡고 있다. 위스키 전문가 마이클 잭슨도 "스코틀랜드에서 가장 아름다운 곳에 위치한 증류소"라고 이야기한 바 있다. 증류소 뒤로는 산을 끼고 있고 증류소에 물을 저장해둔 곳 뒤로 폭포가 눈에 띈다. 이 증류소만이 가지고 있는 특징이랄까? 이 폭포는 비가 올 때면 더욱 수량이 많아지고 날씨가 좋은 여름철에는 가까이에서 보고 있노라면 어떤 청량한 느낌을 주는 그런 곳이었다. 높이는 그리 크지 않지만! 글렌고얀(Glen Goyne)은 원래 Glen Goose, 즉 기러기의 계곡이라는 데서 이름이 유래했다고 한다.

로흐 로몬드 호수의 거위들. 한때 증류소에서는 위스키를 훔쳐가는 도둑을 막기 위해 거위를 기르기도 했다고!

글쎄 거기서 기러기를 보지는 못했지만 옛날에는 기러기가 살지 않았나 싶기도 하고 또는 철새인 기러기가 이 증류소 위의 하늘을 날아 어디론가 떠나가지 않았을까 하는 생각도 해보게 된다. 증류소 안내에 앞서 비디오 관람을 하게 되었는데 스코틀랜드의 의적으로 불리는 롭로이가 잉글랜드 군에 겨우 도망하다 이곳에 이르렀고(사실상 그의 본거지인 트로삭이라는 곳에서 이곳은 그리 멀지가 않다) 이곳에서 여자들이 그에게 위스키를 대접했다고 한다. 당시에도 이곳에서 위스키를 만들고 있었고 롭로

이는 이 위스키라는 생명의 물을 맛보며 산골 사람들로부터 환대를 받았다고 하는데, 글쎄 역사적 근거가 있는지는 확실히 모르겠지만 잉글랜드의 유명한 의적 로빈 훗에 버금가는 스코틀랜드의 의적 롭로이를 결부시키는 건 나름대로 글렌고얀 싱글 몰트 위스키에 역사성을 부여하려고 했던 것 같다.

글렌고얀 위스키는 몰트(보리를 물에 담궈 싹을 틔운 상태)를 말릴 때 이탄의 연기를 쏘이지 않았다는 특징이 있다. 물론 글렌고얀만이 유일하게 이탄의 연기를 쏘이지

여객선에서 찍은 로흐 로몬드 호수의 모습

않은 것은 아니지만, 그러므로 인해서 원료자체의 순수한 맛을 표출해 내는 데 성공했다고 볼 수 있다.

글렌고얀은 부드럽다! 마치 크림 같은 맛이랄까! 싱글 몰트 위스키이면서도 블렌디드 위스키 같은 세련된 맛! 그러면서도 싱글 몰트 본래의 남성적인 중후한 맛을 잃지 않는다! 내가 마셔본 글렌고얀은 이런 느낌이었다.

글렌고얀은 한때 이 지역에 약 10여 개이던 증류소가 다 역사 속으로 사라진 데 반해 남아 있는 유일한 증류소이다. 1833년 설립 이후 몇 번의 주인이 바뀌었지만 지금은 이안 맥클라우드사라는 스코틀랜드인 가족이 운영하는 위스키 명가에 의해 경영되고 있다. 스카치 위스키가 이제는 국제적인 거대 다국적 기업들에 의해 점유되어 있는 데 반해 글렌고얀이 스코틀랜드인에 의해 지켜지고 있는 것에 대해 거기서 일하는 한 여직원은 자랑스런 일이라고 말했다. 글쎄! 자고 나면 TV에서건 신문에서건 글로벌화를 보고 있는 우리들에게 그럼에도 불구하고 자기 것을 지키는 것의 의미는 각자의 개성을 인정하는 것이 아닐까! 그 개성을 있는 그대로 받아들이고 이해해주는 것이 글로벌화의 긍정적인 측면일 것이다. 스코틀랜드에만 있는 것에 대한, 그러니까 위스키 같은 것에 대한 개성을 인정, 그러나 모든 사람이 즐길 수 있는 문화적 공감대 마련, 이것이 글로벌화일 것이다. 그래서 그 여직원은 개성을 지키는 것에 대한 자부심을 자랑스럽다라고 이야기했으리라!

스프링뱅크 웨어하우스 모습

위스키 즐기기

　위스키를 마실 때 스코틀랜드인들은 굴을 안주 삼아 마시며 스코틀랜드 강과 바다에서 잡힌 연어를 훈제한 후 이 또한 좋은 안주로 마시는 것을 보았다. 우리나라 애주가들이 과일에 주로 먹는 것과는 사뭇 다르다고 하겠다.

　많은 이들이 위스키를 온더록으로 마시는 것으로만 생각하는 경우가 있으나 사실 스코틀랜드에서는 위스키를 물에 희석시켜서 마신다. 그러나 그것은 스코틀랜드에서 나는 물이어야만 할 것 같은 어떤 의미가 내겐 주술적으로 자리 잡고 있다.

　한국에서 흔히들 폭탄주라는 미명으로 맥주나 탄산음료와 섞여서 마구잡이로 마시는 걸 스코틀랜드인들이 본다면 어떻게 될까? 심한 분노를 느끼지는 않을까! 한방울 한방울을 즐기면서 마시는 스코틀랜드인들에게 이 모습은 분명 아름답게 비치지는 않을 것이다. 위스키는 서양 술이다. 그렇기에 우리식의 주법을 강요하기보다는 자연스럽게 건배를 요청하고 자기가 마실 수 있는 양만큼 기분 좋게 마시면 될 것이다. 나는 되도록 혼자 술을 마시지 않는다. 혼자 술을 마시면 왠지 즐거운 기분이 들지 않고 쓸쓸하고 외로운 어쩌면 우리네 인생이 처음 태어났을 때부터 예약되어진 지극한 외로움만 더 느끼게 돼서일까! 한 잔의 위스키를 그 위스키가 고가이든 저가이든, 오래되었건 그렇지 않건 간에 내가 사랑하는 사람들과 마실 수 있다면 나는 그저 행복하다. 기분 좋은 이야기들, 설령 괴로운 이야기라 할지라도 들어줄 친구가 있다면 위스키 한 잔은 필요하고 삶은 조금은 희극적이리라!

Epilogue

에이단 스미스와 함께 찍은 필자

다시 스코틀랜드를 찾았다. 시간이 멈춘 것 같은 곳에 끝내는 마음속 고향 같은 곳을 다시 찾은 것 같았다. 도시 생활 중에 잊고 있던 내 젊은 날의 고향! 그리고 흔적들…….

에딘버러부터 다시 돌아보기 시작했다. 영국 안에서도 역사적인 유물을 많이 갖고 있는 도시, 도심 한가운데 언덕 위에 떡 자리잡은 에딘버러성은 웅장함 그 자체였다. 난 오늘도 이 자리에 변함없이 서 있다라고 외치는 듯! 그 성은 얼마나 많은 역사적 사건을 소리 없이 지켜 보았을까! 그리고 얼마나 많은 사람들의 모습을 눈여겨 봤을까! 옛 것과 현재가 공존하며 조화를 이루는 아름다운 도시에서 산다는 건, 산업화된 도시의 빌딩숲에서 인간의 존재감마저 희박해진 그런 몰상실감이 아니라, 역사 속에 비록 수많은 사람들이 역사에 이름을 올리지 못하고 이슬처럼 사라졌다 하더라도 그들이 남긴 이런 흔적 속에서 내가 오늘도 역사 속에 살고 있고 거닐고 있다는 것만으로도 존재의 아름다움을 깨닫게 해주는 것이다.

로얄마일을 걸으면서 왕이 행차할 때 소리치는 군중의 모습을 상상해 봤고, 지킬 하이드의 원형인 데콘 브로디의 처형식을 상상해 보기도 했다. 홀리루드 궁전에서는 나라를 잃고 잉글랜드에서 처형당한 퀸메리 스콧의 비애가 느껴지기도 했다.

역사적 유물을 잘 보존한다는 것은 그 나라 국민들로 하여금 자부심을 느끼게 하고 매순간 피부로 존엄성을 느끼게 하는 것이라 나는 믿는다.

글라스고에서는 시내에 위치한 Whyte&Mackay사에 들러 오랜 친구인 이사 에이단 스미스를 만났다. 늘 대화의 절반은 농담을 일삼는 이 친구와의 대화는 웃음이

하이랜드 소

끊이질 않는다. 바쁜 와중에도 시간을 내어준 그에게 고맙게 생각하고 여러 곳의 사진을 찍을 수 있도록 도와준 데 대해 감사히 생각한다. 그곳에서는 또한 내가 아는 최고의 마스터 블랜더 리차드 페터슨을 만났다. 신의 감각을 가졌다는 그와의 위스키 테이스팅은 경이로움 그 자체이다. 그의 특기인 위스키 잔을 약간의 위스키로 소용돌이 치며 휘감아 공중에 날려보내며 위스키잔 안에 골고루 향이 퍼지게 하는 동작은 언제 보아도 놀라움과 쇼적인 면을 충분히 갖고 있다. 100년의 역사를 거슬러

스코틀랜드 해변의 모습(캠벨타운으로 가는 중에)

다시 뉴질랜드에서 영국으로 돌아온 위스키를 시음해 보고 달모어 45년산 오로라를 맛보며 나눈 위스키에 관한 대화를 통해, 매순간 순간이 유쾌하고 기쁨으로 넘쳐 행복해지는 무언가가 있다고 다시금 깨달았다. 달모어 오로라의 크리미한 맛은 45년의 숙성시간 때문인지 침착함과 스윗한 맛을 가지고 있다. 북극에 피어 있는 환희랄까!

로흐 로몬드 호수에 들러 필자가 현지에 거주할 때 자주 방문했던 카메론 하우스

캠벨 타운으로 가는 중 인근 섬으로 출항하는 조그마한 항구에서

스프링 뱅크 증류소에서 담당 직원들과 함께

에서 또다시 거위들을 바라보며 내가 전에 봤던 그 거위들일까 하고 반가워 한참을 바라보았다. 거위들이 이렇게 예쁜가! 진정으로 이런 고요한 환경이 아니면 거위에 대해서 생각이나 했겠는가! 옛날 위스키 증류소에서 웨어하우스를 거위들에게 지키게 했다는 생각에 가만히 웃음이 나왔다. 파도치는 이 거대한 호숫가를 거닐며 사람은 참 많이 변했으나, 변하지 않은 자연의 모습에 과거의 그리움은 더욱 더 짙어만 갔다.

로흐 로몬드 증류소에서 오랜 친구인 대표이사 게빈을 만나 다시 증류소를 돌아보고 세월이 흘러 몇몇 바뀐 시설을 보며 서로의 나이 든 흔적이 있는 얼굴이며 머리카락을 보고 세월 탓을 해보기도 했다. 블렌더 존 페터슨이 남아프리카 공화국에서 가져온 자연 효모(포도껍질에 붙어 있는 효모를 떼어 배양한 것)로 발효시켜 증류한 위스키를 소개해 줬는데 마셔 보니 그 부드럽고 여운 짙은 과일 향의 뒷맛에 감탄하지 않을 수 없었다. 옛 친구를 위해 킬트를 입고 나와 안내해 주고 좋은 대화를 나눌 수 있었던 게빈에게 감사한다.

캠벨타운으로 가는 길은 글라스고에서도 4시간 반을 차를 타고 가야 하는 거리였다. 차창 밖으로 보이는 언덕의 초록은 정말이지 내가 과거에 느꼈던 맑은 날의 황금빛과 때때로 변하는 날씨 탓에 흐리고 비가 와서 마침내는 거무스르하게 보이는 암흑으로 나를 반기고 있었다. 한가로이 풀을 뜯는 하이랜드 소들도 너무나 반

한가로운 스코틀랜드 초원의 모습

로흐 네스호스 호수 전경

가웠고 그리움으로 인해 애틋했다.

　인버레이에서 잠깐 쉬어 바닷가의 갯내음을 맘껏 흡입하고 작은 마을을 잠깐 둘러보고는 다시 차를 타고 한참을 달려 캠벨타운에 이르렀을 때는 참으로 이곳은 시간이 멈춘 시골 마을임을 알게 되었다. 자그마한 마을은 한적해 보였고 어촌임에도 더 이상 많은 이들이 어로를 하지 않는 터라 항구도 붐비지 않았다.

　부둣가를 여유롭게 활공하는 갈매기들이 이곳이 어촌마을임을 알려줄 뿐이었다. 한때는 30여 곳의 위스키 증류소가 이 마을에 있어서 많은 이들이 증류소에서 일했지만 지금은 스프링뱅크가 소유하고 있는 두 곳의 증류소와 로흐로몬드사가 소유하고 있는 글렌스코티아 이렇게 세 곳만이 운영되고 있었다. 다행스럽게도 두 회사 모두 현지인을 고용하고 있어서 현지인들에게 경제적으로 많은 도움이 되리란 생각을 해본다.

이튿날 미리 연락을 해둔 덕에 스프링뱅크 증류소에서는 로날드 왓슨이 나와서 안내를 해주었다. 해외영업부를 맡고 있는 그는 참으로 이 마을에 걸 맞는 인물이었다. 천천히 아주 세밀하게 증류소 이곳 저곳을 소개했고 일반인들에게 공개하지 않는 곳까지 안내를 했다. 무엇보다도 스프링뱅크는 오킨토산과 마찬가지로 세 번을 증류하는데, 이는 보편적인 스코틀랜드 증류소와는 다른 방식이다. 대부분의 스코틀랜드 위스키 증류소는 두 번의 증류과정을 거친다. 아일랜드 위스키가 세 번의 증류를 한다. 그런 이유로 아일랜드 위스키는 알코올 도수가 강한 oak cask strength를 보인다. 예전에 더블린에서 마신 위스키가 그랬다. 그럼에도 스프링뱅크와 오킨토산은 참으로 온화한 위스키를 만들어 내는 걸 보면 단순히 증류방식 문제만은 아니란 걸 알 수 있다. 캠벨타운에서 태어나 쭉 캠벨타운에서 일한 그는 이곳에서는 시간이 아주 느리게 간다고 이야기해 주었다. 내가 이미 깨달은 바 그대로였다. 증류도 여름과 겨울에만 이루어지고 많은 양보다는 적당한 양만을 증류한다니! 소유주가 은행의 빚을 지길 싫어해서 자기 돈으로만 위스키 증류소를 키워나가는 참으로 요즘 같은 인수합병으로 거대 기업으로 성장하기만 하는 위스키 산업과 비교해 보면 분명 이 마을만큼이나 시간이 거꾸로 가는 듯했다. 점심을 먹고 글렌가일 증류소를 둘러보는 중에는 숙성창고문의 열쇠가 부러졌는데 해결하는 데만 한 시간 가량이 걸렸다. 늘 바쁜 증류소 관리인을 찾아 문제를 이야기하고 자물쇠를 바꾸는데 그렇게 많은 시간이 지났는데도 누구 하나 서두르지 않고 마침내 문제가 해결되었을 때 로날드는 "거보세요 여기서는 느리게 당연하다니까요" 하는 미소를 지어보였다. 느려도 걱정되지 않고 당황하지 않을 수 있는 마을, 오히려 그것이 미덕으로 보이는 참으로 요즘 같지 않은 공간에서 난 너무 편안함을 느낄 수 있었다.

글렌 스코티아 증류소에서 게빈의 전화 덕분에 증류소 매니저가 나와서 증류소를 안내해 주었는데 무엇보다도 잘생기고 넉넉하게 생긴 이곳 매니저가 안내하는 동안 내내 우린 즐거운 대화를 이어갔다. 매쉬튠과 워시백이 금속으로 되어 있어서 요즘 추세를 반영하는 듯했다. 증류소에서 일하는 사람이 세 명밖에 되지 않아 다른 곳보다는 좀 바쁘게 일하는 듯 보였지만 이번 증류가 끝나고 휴가를 즐기러 간다는 매니저는 아주 즐거워 보였다. 다시 돌아오겠다고 마음속으로 기약하고 오후 차를 잡아 타고 글라스고에 돌아왔다.

　이번 여행으로 마음속 깊은 곳에 잠잠히 숨쉬고 있던 스코틀랜드라는 내 마음속의 고향이 다시금 눈망울에 촉촉히 맺히고, 위스키로 인한 내 삶의 열정이 서서히 불타오르고 있음을 확인하는 계기가 되었다. 힘차게 달린 열차가 어느덧 역사에 들어오면 멈춰서 쉬어야 하듯이 바쁜 도시 속에서 쉼 없이 쳇바퀴 도는 다람쥐처럼 일했다면 때론 휴식이 필요하지 않을까! 한국적 상황에서 그 동안 생각 없이 위스키를 마셨다면 천사가 취해 있고 술이 나오는 꼭지에 입을 대고 마시다 죽기를 희망하는 진정한 술꾼들이 사는 곳으로, 위스키의 영혼이 숨쉬고 내 몸을 통해 흘러들어와 그 영혼을 함께할 수 있는 스코틀랜드로 여행을 떠나보면 어떨까! 노을 지는 하이랜드의 언덕을 바라보며 위스키를 마시다 취한다 해도 걱정하지 말지니, 천사가 대신 찬송하고 신이 용서하리라!